d.

c.

f.

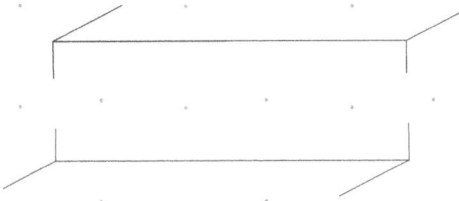

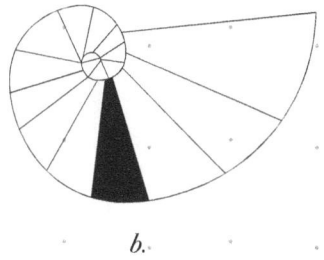

b.

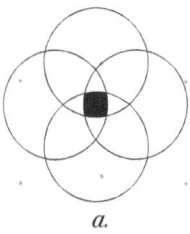

a.

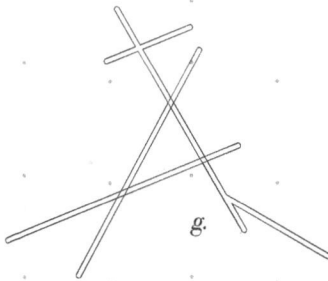

g.

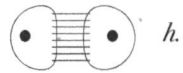

h.

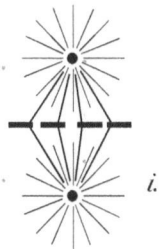

i.

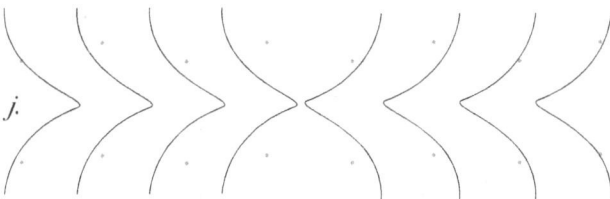

j.

A—N IMPERFECT GEOMETRY—

Elisa Díaz Castelo

Translated from the Spanish by Robin Myers
Foreword by Myriam Moscona

Alliteration

AN IMPERFECT GEOMETRY | ELISA DÍAZ CASTELO
Translated from the Spanish by Robin Myers
First edition in English in March 2023

© Elisa Díaz Castelo
© Foreword by Myriam Moscona
© Alliteration Publishing, 2023

Editorial Direction by Betina Barrios Ayala
Design by Elena Roosen
Cover by Andrea Martínez
Proofreading by Tess Rankin & Félix García
Editorial Coordination by Amayra Velón

ISBN: 979-8-9852666-9-6

THE VERTEBRAL ERRATUM AND OTHER CREDOS

I met Elisa Díaz Castelo in a seminar on Proust. It had been going on for years by the time she joined. The task of reading three thousand pages, the seven volumes of *À la recherche du temps perdu*, transpired over a preposterously long time: every Monday, for more than a decade, very slowly. The memorable, erudite coordinator of the seminar, Luz Aurora Pimentel, saw this study circle as a train that passengers could board and exit at different stations. The train stayed its course, chugging steadily along, allowing people to get on and off as they wished. It was maybe the seventh year when a young new face appeared onboard. She said little, but when she did speak up, her comments were marvelously fresh and perceptive. I didn't know much about her, but we had a natural, fluid connection. Not long after that, I learned that she wrote and translated poetry, had lived for several years in the United States, and had won an international poetry contest during her time there. One afternoon, she asked if she could show me her first book. I agreed, more out of fondness than admiration.

And that was the beginning of another story. I was astonished by those poems, which were mature in a way that a debut collection almost never is. We met up, and I offered a few suggestions. I remember that the first poem in what is now *Principia* appeared halfway through the book. I felt that this intensely vigorous poem, "Scoliosis," needed to open the collection. And she liked the idea. Then she shared her intention to submit the manuscript to a contest. I urged her not to, because I expected her to win it —better to aim for a more prestigious prize. She ignored my advice, and of course she won. It was her second book, *El reino de lo no lineal* (The kingdom of the nonlinear), that received the Aguascalientes Fine Arts Award, Mexico's most venerable poetry prize. When I heard the title for the first time, I thought it successfully metaphorized the kingdom of poetry itself, which is rarely linear— and when it is, no matter how powerful it may be, such poetry withers after a few reads. Quite the opposite of what happens in Díaz Castelo's book, which ebbs and flows in confrontation with life and death. *El reino* isn't an imitation of *Principia*, nor is it a space where poetry and science return to their previous pairing. And yet *Principia* is still part of it, transformed. After all, her first book already set the cardinal points of her explorations: some thematic, some rhythmic.

Principia is the pain of splintered bones, in fractures, in dislocations. The "vertebral erratum," as she calls this pain, makes her spine rebuke her —but she, the lyric voice, has no answers. The poems in *An Imperfect Geometry*, which you hold in your hands, remark on this and other revelations. As the voice leaves itself to observe the world —reaching out with the subtle touch of the unsighted, discovering things by their shape and temperature— science exposes it to the imperceptible realm. The visible is just a fragment of reality, as Paul Klee would say. Díaz Castelo's poems are laced with death, with "scavenging" life after death. Immediately thereafter, she offers us a death certificate. It's all connected. The cells of her enviable olfactory and rhythmic perception explode into another arrangement on the page. There's nothing banal about the shift. It's a death certificate. "Inside your body it was outside now."

Previously, in her poem "Credo," Díaz Castelo had put forth another kind of cartography. There, in constellation, are the subjects that plant her in fertile ground: everyday objects, attention to others ("I believe in other people's pain"), the fanning out of her passionate curiosity about scientific knowledge (Elisa is the daughter of two doctors, and I imagine she was exposed to other vocabularies as a child). Here, in this "Credo," we find the periodic table, thermodynamics, the life of a cell (with "its membranes, nuclei, and organelles"); here is the invisible and the miniscule (electrons, protons, even quarks); here, too, is a metaphysical exploration of the connections between science and faith in God. This poem isn't a poetics; it's the future map of her world touching first base. That is, it's the title, *Principia*, which plays with three different meanings: Newton's *Principia Mathematica*; a subversion of the gendered noun "principio" in Spanish, thus signaling a feminine principle; and the insinuation, winking at the reader, that creation starts here —for in *Principia* there is the Word.

Whom do we find in the hidden layers of her speech? There are echoes and playful rewritings of Octavio Paz and Vicente Huidobro, but also the influence of Wisława Szymborska —and, farther back, of Sor Juana, who shares Díaz Castelo's interest in science and its nomenclatures. US poetry also reveals its mark when the conversational register turns inward. And her work is indebted to Greek tragedy and its choral structure, which breaks down the epic into voices. This is particularly the case of the complex *Proyecto Manhattan* (The Manhattan Project), Díaz Castelo's third book, written in the form of a script about the creation of the atomic bomb. Here, women's voices don't inhabit the periphery but take center stage. There's one line from this book that I take as a declaration: "There isn't time to say everything. / All of time can't fit in this space." And this, in counterpoint, leads me back to Proust, the memorialist who wanted to say everything, the god of details who once captivated Díaz Castelo as a young poet. I remember being struck by her sensitivity as a reader, enthralled as she was by the author who saw his whole body of work as a cathedral full of connections and symmetries, a poetics of intermittency.

Elisa Díaz Castelo has the kind of talent that only comes around every thirty years. Anything can happen: she could stop writing, she could explore different registers, pursue different genres. There's no way to know. But what she has written so far has already secured her a place in the history of Mexican literature, and her name is already written there, her echo traveling back. We hear the future in the past, which is simply the moment I choose to place a period at the end of this sentence —but not, I hope, a full stop in my own contact with her poems.

Myriam Moscona

A — N

I M P E R F E C T

G E O M E T R Y —

DE PRINCIPIA

TIERRA ADENTRO, 2018
LILIPUTIENSES, 2020
ELEFANTA, 2021

FROM *PRINCIPIA*

TIERRA ADENTRO, 2018
LILIPUTIENSES, 2020
ELEFANTA, 2021

Escoliosis

En la búsqueda de la forma,
se me distrajo el cuerpo. Es eso,
nada más, asimetría.
La errata vertebral,
el calibraje óseo,
la rotación espinada. Es el hueso
mal conjugado.
Es una forma de decir
que a los doce años
ya se ha cansado el cuerpo.
Es la puntería errada de mis huesos,
la desviada flecha.
No es lo que debiera, mi esqueleto
quiso escapar un poco
de sí mismo. Se le dice escoliosis
a esa migración de vértebras,
a estos goznes mal nacidos,
hueso ambiguo.
A esa espina
dorsal
bien enterrada.

A los doce años se me desdijo el cuerpo.
Porque árbol que crece torcido, nunca.
Porque mis huesos desconocen
el alivio
de la línea,
su perfección geométrica.

Me creció adentro una curva,
onda,
giro

Scoliosis

In search of form,
my body grew distracted. That's what it is
and nothing more: asymmetry.
The vertebral erratum,
the osseus calibration,
rotation wreathed in thorns. It's bone
misconjugated.
It's another way to say
that by age twelve
the body is exhausted.
It's my bones' imperfect aim,
the deflected arrow.
It isn't as it should. My skeleton
longed to flee a little
from itself. We call it scoliosis,
this vertebral migration,
adulterated hinges,
ambiguous bone.
This well-
buried
spine.

At twelve, my body unspoke itself.
Because a tree that grows distorted, never.
Because my bones don't know
the succor
of a line,
its geometric perfection.

A curve burgeoned in me,
a wave,
a shift

de retorcido nombre: escoliosis.
Como si a la mitad del crecimiento
dijera de pronto el cuerpo mejor no,
olvídalo, quiero crecer para abajo,
hacia la tierra. Como si en mi esqueleto
me dudara la vida, asimétrica,
desfasada de anclas o caderas,
mascarón desviado, recalante.

Mi columna esboza una pregunta blanca
que no sé responder. Y en esta parábola de hueso.
De esta pendiente equivocada. De lo que creció
chueco, de lado, para adentro.
Se me desfasan
el alma
y los rincones. Mi cuerpo:
perfectamente alineado desde entonces
con el deseo de morir y de seguir viviendo.

Si las vértebras, si la osamenta quiere, se desvive,
rota por no dejar el suelo. Si se quiere volver
o se retorna, retoño dulce de la tierra rancia,
deseo aberrante de dejar de nacer
pronto, de pronto, con la malnacida duda
esbozada en bajo la piel, reptante.
Paralelamente. No es eso
no es
eso
no
eso no,
no es ahí, donde ahí acaba,
donde empieza el dolor empieza el cuerpo.

Si se duele, si tiembla, al acostarse
un dolor con sordina, un daltónico dolor vago,

of twisted name: scoliosis.
As if, mid-flourishing,
my body stopped and said I take it back,
forget it, I want to grow the other way,
into the earth. As if, inside my skeleton,
my life were doubting, asymmetrical,
de-synced from hips or anchors,
disjointed figurehead, taking on water.

My backbone sketches a blank inquiry
I don't know how to answer. And in this parabola of bone.
Of unsound slope. Of what grew
crooked, sideways, inward.

My soul
and corners jostle out of step. My body:
so perfectly aligned since then
with the wish to die and to keep living.

If vertebrae, if bones so choose, there is a dying-to,
shattered by not leaving the ground. If there's the longing to turn back,
if the return, the tender sprouting up from rancid earth,
aberrant lust to stop being born
so soon, abruptly, with the grim doubt
outlined under the skin, aslither.
In parallel. That's not it
that's not
that's
not
it,
not there, right where it ends,
where pain begins, so does the body.

If it hurts, if it trembles, a muffled pain
when lying down, a vague ache, colorblind,

si el agua tibia y la natación, si la faja
como hueso externo, cuerpo volteado,
si los factores de riesgo y el desuso,
si el deslave de huesos. Es minúsculo
el grado de equivocación, cuyo ángulo.
A los doce años se me desdijo el cuerpo,
lo que era tronco quiso ser raíz.

Es eso, el cuarto menguante,
la palabra espina, la otra que se curva
al fondo: escoliosis. Es el cuerpo
que me ha dicho que no.

if warm water and swimming, if the bind
like an external bone, bone overturned,
if the risk factors and disuse,
if the landslide of bones. It's miniscule,
the margin of error, whose angle.
At twelve, my body unspoke itself,
and what was trunk yearned to be root.
That's it, the waning crescent,
the thorn-word, the other word that curves
into the depths: scoliosis. It's the body
that has told me no.

Credo

Creo en los aviones, en las hormigas rojas,
en la azotea de los vecinos y en su ropa interior
que los domingos se mece, empapada,
de un hilo. Creo en los tinacos corpulentos,
negros, en el sol que los cala y en el agua
que no veo pero imagino, quieta, oscura,
calentándose. Creo en lo que miro
en la ventana, en el vidrio
aunque sea transparente.
Creo que respiro porque en él pulsa
un puño de vapor. Creo
en la termodinámica, en los hombres
que se quedan a dormir y amanecen
tibios como piedras que han tomado el sol
toda la noche. Creo en los condones.
Creo en la geografía móvil de las sábanas
y en la piel que ocultan. Creo en los huesos
sólo porque a Santi se le rompió el húmero
y lo miré en su arrebato blanco, astillado
por el aire y la vista como un pez
fuera del agua. Creo en el dolor
ajeno. Creo en lo que no puedo
compartir. Creo en lo que no puedo
imaginar ni entiendo. En la distancia
entre la tierra y el sol o la edad del universo.
Creo en lo que no puedo ver:
creo en los ex novios,
en los microbios y en las microondas.
Creo firmemente
en los elementos de la tabla periódica,
con sus nombres de santos,

Credo

I believe in planes, in red ants,
in the roof of my neighbors and their underwear
that flutters drenched on Sundays
from a thread. I believe in stout
black water tanks, the sunlight seeping into them,
and all the water I can't see but picture, dark and static,
heating up.
I believe in what I look at
through the window, and in glass,
crystal clear as it may be.
I believe I breathe because a fist
of steam hums there. I believe
in thermodynamics, in men
who stay the night and wake,
warm as stones left in the sun
for hours. I believe in condoms.
I believe in the mobile geography of sheets
and the skin they hide. I believe in bones
only because Santi broke his humerus
and I watched its white fit overtake him, splintered
by the air, gaze like a fish
wrenched out of water. I believe in other
people's pain. I believe in what I cannot
share. I believe in what
I can't imagine or decipher. In the distance
between the earth and sun, or the universe's age.
I believe in what I can't see:
I believe in ex-boyfriends,
microbes, and microwaves.
I firmly believe
in the elements of the periodic table,
in their saint's names,

Cadmio, Estroncio, Galio,
en su peso y en el número exacto de sus electrones.
Creo en las estrellas porque insisten en constelarse
aunque quizá estén muertas.
Creo en el azar todopoderoso, en las cosas
que pasan por ninguna razón, a santo y seña.
Creo en la aspiradora descompuesta,
en las grietas de la pared, en la entropía
que lenta nos acaba. Creo
en la vida aprisionada de la célula,
en sus membranas, núcleos, y organelos.
Creo porque las he visto en diagramas,
planeta deforme partido en dos
con sus pequeñas vísceras expuestas.
Creo en las arrugas y en los antioxidantes.
Creo en la muerte a regañadientes,
sólo porque no vuelven los perdidos,
sólo porque se me han adelantado.
Creo en lo invisible, en lo diminuto,
en lo lejano. Creo en lo que me han dicho
aunque no sepa conocerlo. Creo
en las cuatro dimensiones, ¿o eran cinco?
Creí fervientemente en el átomo indivisible;
ahora creo que puede
romperse y creo en electrones y protones,
en neutrones imparciales y hasta en quarks.
Creo, porque hay pruebas
(que nunca llegaré a entender),
en cosas tan improbables e ilógicas
como la existencia de Dios.

Cadmium, Strontium, Gallium,
their weight, their very number of electrons.
I believe in stars because they insist on shifting
into constellations even if they might be dead.
I believe in chance omnipotent, in things
that happen for no reason, to the letter.
I believe in the broken vacuum cleaner
and cracks in the wall, in entropy
that slowly does away with us. I believe
in the cell's imprisoned life,
its membranes, nuclei, and organelles.
I believe because I've seen them drawn in diagrams,
misshapen planet cleaved in two,
exposing tiny viscera.
I believe in wrinkles and in antioxidants.
I believe, reluctantly, in death,
only because the lost never come back,
only because they've run ahead of me.
I believe in what's invisible, and miniscule,
and far away. I believe in what I'm told
even if I can't see it for myself. I believe
in all four dimensions, or were there five?
I fervently believed in the indivisible atom;
now I believe it's capable
of breaking, and I believe in protons and electrons,
in impartial neutrons, even quarks.
I believe, because there's proof
(although I'll never understand it),
in things as improbable, illogical,
as the existence of God.

Oda a los ancestros

No hablo del abuelo y su breve lozanía,
de sus manos ariscas, no hablo
de su longevo padre, ni de la tía solterona
que ordeñaba a las vacas,
ni de aquella cuya muerte a la mitad de otoño
interrumpió el cultivo de zarzas. Tengo
demasiados huesos en la boca. Hablo
de mis otros ancestros: Lucy, la chimuela,
sus cincuenta y dos huesos,
su muerte milenaria
de veinte años,
todas sus fracturas.
Hablo de sus hijos
no sabemos cuántos, dónde,
y de sus allegados:
Ardi, la de largas manos,
hallada junto a un río, su cadáver
recogido por partes y sus huesos
constelados sobre un fondo negro
son apenas el gesto borroso, movido
de un cuerpo. Hablo de ese carnal agradable
que primero encontró en su cara la sonrisa
e hizo de la amenaza de los dientes
una señal ambigua de afecto, y de una zarigüeya
con nombre de tía, Juramaia Sinensis, escasa
ascendienta de apetito fúnebre, animalia chordata,
rápida, trepadora, dúctil,
eutheria, la primera bestia verdadera.
Y también de los otros, ese
de nombre y vocación heroica, Hynerpeton,
el primero en dejar el agua. Hablo del reino
Animalia, celebro con ardor y arrebato

Ode to My Ancestors

I don't mean my grandfather and his fleeting verve,
his gruff hands, I don't mean
his long-lived father or the maiden aunt
who did the milking,
or the other aunt whose death mid-autumn
halted the blackberry harvest. I have
too many bones in my mouth. I mean
my other ancestors: Lucy, toothless,
her fifty-two bones,
her millenary death
at twenty years old,
all her fractures.
I mean her children,
who knows how many, or where,
and their kin:
long-handed Ardi,
found beside a river, her body
gathered up in parts, and her bones
bespangling a dark backdrop
are just the blurry gesture
of a human form. I mean the pleasant pal
who first unearthed the smile on his own face
and made the threat of teeth
into an equivocal sign of affection, and an opossum
with an aunt's name, Juramaia sinensis, rare
forebear of funereal appetites, Animalia Chordata,
speedy climber, ductile,
eutherian, the first real
beast. And the others, too, Hynerpeton,
of heroic name and vocation, the first
to leave the water. I mean the kingdom
Animalia, I praise with ardor and abandon

a ese antecesor fogoso que inauguró el sexo
un buen día hace millones de años,
pero también a los ancianos platelmintos,
hermafroditas, parásitos, parcos,
con su acumulación humilde de neuronas.
Hablo de la simbiosis parasitaria
de eucariotas y procariotas,
de la incipiente mitocondria.
Celebro, al fin,
 a esa primera célula organizada,
a la primera huérfana
y la última, a ella, inmaculada madre unicelular,
sin pecado concebida, bendita
entre toda la materia estéril.
A ella, he olvidado su nombre,
Melusina, Laura, Isabel, Perséfona, María,
y bendito es el fruto de su vientre.

that fiery ancestor who inaugurated sex
on one fine day millions of years ago,
but also the ancient Platyhelminthes,
hermaphrodites, parasites, sparing
with their humble hoard of neurons.
I mean the parasitic symbiosis
of eukaryotes and prokaryotes,
incipient mitochondria.
I celebrate, at last,
the first well-ordered cell,
the first to be orphaned
and the last, her, immaculate unicellular mother,
conceived without sin, holy
amid all barren matter.
It's her I praise, though I've forgotten
her name, Melusina, Laura, Isabel, Perséfona, María,
and blessed be the fruit of her womb.

Esto otro que también me habita (y no es el alma o no necesariamente)

A partir de un verso de Darío Jaramillo

Animalejos
insidiosos o inocuos,
pero, ante todo, diminutos,
o, por lo menos, discretos. De varias patas
o ninguna, redondos o alargados, con
o sin ojos, con o sin dientes, asexuados
o calientes, procreativos. Sobre todo
invisibles o bien ocultos, invertebrados
(por suerte), inveterados. Desde siempre
nos habitan, huéspedes y nosotros, anfitriones,
no podríamos vivirnos solos, mantenernos.
Somos ellos: son nosotros. No hay dualismo
ni monismo. Todo parasitario,
todos parásitos: hay
más células de microbios
que células humanas en el cuerpo.

Bacterias sobre todo,
rumiantes, pastando
en las estepas del intestino,
virus, también, perfectos
como semillas de castaños.
Y dónde,
en todos lados
y cuándo,
siempre:
la ameba indecorosa,
el demodex alienígena,
anquilosoma, tricocéfalos,
la triste solitaria.

The Other Being That Also Lives in Me (and Isn't the Soul, or Not Necessarily)

Based on a line by Darío Jaramillo

Beasties,
insidious or innocuous,
but infinitesimal most of all,
or at least discreet. Of many feet
or none, slender or round, with eyes
or eyeless, toothy or toothless, asexual
or horny, procreative. Most of all
well-hidden or invisible, invertebrates
(thank goodness), inveterate. They have always
inhabited us, our guests, and us, we hosts,
we couldn't live alone, sustain ourselves.
We're them: they're us. There is no dualism
or monism. All parasitic,
all parasites: the body has
more microbial
than human cells.

Bacteria most of all,
ruminant, grazing
on the intestinal steppes,
and also viruses, perfect
as chestnuts.
And where,
everywhere,
and when,
always:
the unseemly amoeba,
the alien demodex,
the Ancylostoma, knotty Trichuris t.,
the mournful tapeworm.

Todos nauseabundos al microscopio:
aparatosos, necesarios
microorganismos patógenos y comensales,
rumiantes animalillos
simbióticos, simbólicos.

Holgazanes, vividores
de este cuerpo para ellos universo,
con sus nebulosas de células,
infiernos de ácido, para ellos
tierra fértil, paraíso
de sangre en movimiento.

Pero esto que también me habita
algún día se mudará de cuerpo,
me moriré, me comerán de adentro
para afuera, clostridia, coliformes
(se muere siempre
de adentro para afuera,
del centro al diámetro,
de la sangre al nombre).
Esto que también me habita
soy yo, parte por parte,
perviviendo
con la irresoluta sentencia
de la vida eterna o al menos
más larga que la mía,
diminuta, rapaz y carroñera,
después de la muerte.

All revolting under the microscope:
brash and necessary
microorganisms, pathogens and feeders,
tiny bovine creatures,
symbiotic and symbolic.
Layabouts, scroungers
in this body, their whole universe,
with nebulae of cells,
infernal acids, fertile
soil for them, a paradise
of blood in motion.

But what inhabits me
will leave my body for another
when I die, they'll eat me from the inside
out, clostridia, coliform
(death always happens
from the inside out,
from center to diameter,
from blood to name).
What also lives in me
is me, part by part,
enduring
with the indecisive sentence
of eternal life, or at least longer
than my own,
minute, rapacious, scavenging
after death.

Acta de defunción

Sabemos dónde acaba la vida: arritmia
     palidez   respiración sin rumbo
danza de instrumentos   últimos auxilios
y el corazón   una caja de metal
    que se hunde en el océano.   A las 22 horas
45 minutos   exactamente.
    Fibrilación   paro respiratorio.
El oleaje de las sábanas   contra el costado
    la colcha   continente de escarpadas montañas
el camisón blanco levantado hasta arriba
           una soga al cuello
   los párpados anudados sobre los ojos.
Podemos decir   Aquí
   empezaron los latidos a dialogar con la sombra.
   Aquí   acabó tu vida.
Aquí el corazón oscureció
    hora y minuto   cerrándose por última vez.
Mapeamos tu muerte   con nuestra sangre profunda
como una astilla caliente.
Para
detener nuestro asombro
      para recordar respirar.   Marcamos
tu muerte con su momento dado   referimos los datos
de fallecida y fallecimiento   hora y minuto
    como se escriben las coordenadas
de una tierra fantástica   una isla
   a la deriva
atamos un hilo al momento de tu muerte
     y fuimos hacia adentro de nuestros días.
      Como si se pudiera
regresar.

Death Certificate

We know where life ends: arrhythmia
        pallor   aimless breath
dance of instruments   last aid
and the heart   a metal box
    sinking into the ocean.   At 22:
45 p.m.   exactly.
        Fibrillation   respiratory arrest.
The surf of sheets   against the ribs
        the bedspread   continent of craggy peaks
the white nightgown hoisted up
                              a rope around the neck
    the lids knotted over the eyes.
We can say   *Here*
    your pulse began to speak with shadows.
    Here   your life came to an end.
Here the heart went dark
        hour and minute   shuttering for the last time.
We mapped your death   with our blood as deep
as a hot splinter.
To halt
our wonder
                    to remember how to breathe. We marked
your death with its given moment   offered the data
of deceased and demise   hour and minute
        like the coordinates
                    of a fantastical world   an island
        adrift
we tied a thread to the moment of your death
                              and dug into our days.
                              As if there were any
coming back.

Adentro de tu cuerpo ya era afuera
la sangre   se te quedaba quieta.
         El corazón había perdido su gravedad.
Y me prometiste no morir.   Vivir
            es prometer no morir   amar es.
Todo el tiempo cumplimos la ruptura de nuestras promesas.
No dijiste que no morirías
pero tomaste mi mano   y dibujamos juntas
            caminamos   en el parque y leímos
los nombres de los árboles.
En el instante de tu muerte
cientos de pájaros se estamparon contra el vidrio
            sus cuerpos redundantes   de sangre.
            En el instante de tu muerte
se doblaron las cucharas en la cocina
            y se cortó la leche.
El gato dejó un canario muerto a mis pies.
Por suerte   se encuentran asentados
los datos de la finada: lugar
del fallecimiento
destino
del cadáver:
            inhumación.
En el instante de tu muerte
      me miró el Jesús que tenías colgado en la escalera.
      Las conchas que coleccionabas empezaron a sangrar sal.
Masaje cardiaco   paro respiratorio.   Midriasis.
El reloj de la sala   se detuvo.
Y sabemos
      exactamente dónde   en cuál sitio del tiempo
      en qué momento del espacio   moriste.
Si despertamos un día con la duda
            podemos de esa forma despejarla.

Inside your body it was outside now
the blood   went still in you.
        Your heart had lost its gravity.
And you promised me you wouldn't die.   To live
        is to promise not to die   love is.
We're always breaking   all our promises.
        You didn't say you wouldn't die
but you took my hand   and we drew together
        walked in the park and read
the names of trees.
        In the instant of your death
hundreds of birds were flung against the glass
        their bodies redundant   with blood.
                        In the instant of your death
        the spoons bent in the kitchen
                and the milk turned.
        The cat dropped a dead canary at my feet.
As luck would have it   the details of the deceased
have been set down: the place
of death
the corpse's
fate:
                interment.
In the instant of your death
        I felt the eyes of the Christ you hung over the stairs.
        Your shell collection started bleeding salt.
Chest compressions   respiratory arrest.   Mydriasis.
The living room clock   stopped ticking
                                And we know
        exactly where   which place in time
        which moment in space   you died.
If we ever wake up wondering
                this is how we'll clear it up.

Caída

Si una persona cae libremente,
no siente su propio peso.

ALBERT EINSTEIN

luego de caer y caer tanto
a pesar de estarnos quietos, apacibles,
en el viejo sillón, llenos de nuestros cuerpos,
luego de aprender que nada está, realmente,
quieto, de saber que la caída no termina, luego
de retar a la noche en decúbito supino
y saber que aún así caemos,
luego de tanto caer a ras del suelo,
luego de por tierra ser cortados,
luego de caer tan abatidos
en un vértigo de células caducas,
cada segundo un poco menos,
cada mes desangradas, casi otras,
luego de comprender que nunca
hemos tocado verdaderamente
fondo, luego de escuchar la caída roja
de la fruta en el pasto
y saber de pronto la gravedad de las cosas,
luego de decir de este árbol no comeré,
luego de multiplicarse nuestro dolor
en progresión geométrica y mirar
el efecto de la caída en vasos,
platos, floreros y de fragmentos
discernir la forma, de esquirlas, esquinas,
luego de atravesar calles a destiempo,
buscando hacer pie en los vendavales,
en la ciudad sin fin ni nacimiento,
cayendo al principio de las cosas,

Fall

after falling and falling so much
despite our stillness, mildness,
on the old couch, full of our own bodies,
after learning that nothing is ever really
still, finding that the falling never ends, after
challenging the supine night
and seeing that we fall no matter what,
after so much falling at ground level,
after being cut down onto earth,
after falling, downcast,
in a vertigo of lapsed cells,
a little less each second,
bled dry a little more each month, all but transformed,
after understanding that we've never
truly hit rock
bottom, after hearing the crimson fall
of fruit onto the grass
and quickly realizing the gravity of things,
after saying I shall not eat from this tree,
after greatly multiplying our pain
in geometric progression and observing
the fall's effect on drinking glasses,
dishes, flower vases, and discerning form
from fragments and from splinters, corners,
after crossing streets in an untimely fashion,
trying to find our footing in the gales,
in the city with neither end nor birth,
falling into the start of things,

desplomándonos cada segundo en círculos,
involucrados sin permiso en el girar de la tierra,
en su inclinarse al sol debidamente
luego de este caer concéntrico,
empedernido, esa
otra caída a todos lados,
el desplomarse de planetas
que olvidan el consuelo de sus órbitas,
soles errabundos y sistemas,
galaxias
que se expanden
y se enfrían,
cayendo al fin
sin ningún referente,
sin punto fijo
que nos diga cómo,
qué tan rápido
caemos, enfermos
de esta gravedad ajena,
de esta velocidad
desperdiciada, incrédulos
de que así se sienta la caída,
de saber que aún ahora
caemos
inmerecidamente
abandonados
al abrasivo canto
de las estrellas
a su insistente
diálogo de luces,
luego de pensar
que a lo caído caído
y atenerse,
aunque no quede

collapsing second after second in circles,
involved without permission in the whirling of the earth,
in its due tilting toward the sun
after all this concentric falling,
incorrigible, that
other fall in all directions,
the crumbling of the planets
that forget the solace of their orbits,
nomadic suns and systems,
galaxies
that expand
and cool,
falling at last
with no point of reference,
no steady spot
to tell us how,
how fast
we fall, sickened
by this unknown gravity,
this wasted
speed, incredulous
that this is what it feels like, falling,
that even now, we know,
we fall
unjustly,
jettisoned
into the abrasive singing
of the stars,
their dogged
dialogue of lights,
after concluding
that what falls is fallen
and accepting this,
although there's not

ni un ápice de duda
donde colocar
la cabeza
o el cansancio,
luego

a jot of doubt
where we can lay
our heads
or weariness,
after

Vida media

Redondeo su nombre: tres o cuatro recuerdos.
Un número que tiende a oscurecerse.
Nombre de borde y empeño, nombre de fondo,
canción que de tanto escucharse se desgasta.
Dios ha hecho su mudanza. Aquí no vive.
Cielo, tierra, hemos sido demasiado lentos:
ya se acabó la cuenta regresiva de la infancia
y no me acuerdo del nombre de su perro
ni de qué traía puesto cuando nos empapamos
bajo la lluvia tibia de Querétaro.
Nuestros nombres eran
innumerables abejas, un enjambre o manada,
multitud de sonidos, ni siquiera
el cauce o la desembocadura, ni siquiera el agua.
Recuerdo obstinado, elemento
que al atravesar el tiempo se desgasta.
Ésta es la vida media. Con los siglos
hasta los elementos cambian,
se pierden por partes, se vuelven otros
más comunes, más estables. Casi todos
terminan convertidos en plomo.
Hay que decirle al alquimista: dale tiempo.
Queda la vida a contrapelo y esta calle lejana
en la que vivo, quedan las frutas maduras
que esperan de madrugada en sus cajas
frente al mercado vacío. El presente
es punto ciego, ese momento
de la noche a medias donde no se sabe
si las cosas terminaron o están a punto de empezar
de nuevo, todavía. Queda la palabra de su nombre:
un cuchillo de carnicero tantas veces afilado
que casi ya no existe.

Half-Life

I round down her name: three or four memories.
A dimming number.
A hard-edged, tenacious name, a background name,
a song worn out with listening.
God moved. He doesn't live here anymore.
Heaven, earth, we've been too slow:
the childhood countdown has long lapsed
and I've forgotten what she called her dog
or what she wore the day we wound up drenched
by the warm rain of Querétaro.
Our names were
countless bees, a swarm or herd,
a crowd of sounds, not even
course or estuary, not even water.
A stubborn recollection, element
that fades with time.
This is the half-life. Even the elements
change with the passing centuries,
lost bit by bit, becoming
stabler and more ordinary. Almost all of them
turn into lead eventually.
Someone should tell the alchemist: *be patient.*
There's only life against the grain, this distant street
I live on, there's just ripe fruit
packed in its crates, awaiting dawn
outside the empty market. The present
is a blind spot, that flash
of half-spent night when you can't know
if things are over or about to start
again, still. There's only the word of her name:
a butcher's knife so often honed
it's almost gone.

Disertación sobre el origen de la vista

La primera vez que me miraste de ese modo,
tratando de descifrar el acertijo de mi cuerpo,
mi sangre se espesó de pronto, fui piel
plenamente, a mediodía. Años más tarde
supe que nuestros ancestros submarinos
desarrollaron en la piel un par de leves hendiduras
más sensibles. Eran los ojos: dos agujeros negros
en los que caía el mundo. Lo que fue temperatura
se hizo luz, por primera vez vista, traducida del tacto.

Pero yo ya lo sabía de algún modo.
Sin decírmelo me mostraste
que mirar es tocar, una variante
que no precisa
cercanía. Tenías razón
en mis manos, mis labios,
mis alargadas clavículas, lo visible
y manso de mi cuerpo. Me conocías
a flor de vista, a golpe de ojo y sin saberlo,
es cierto, me tocabas. Que eso te consuele.

Discourse on the Origins of Sight

The first time you ever looked at me like that,
trying to solve the riddle of my body,
my blood abruptly thickened, I was fully
skin, under the midday sun. Years later
I learned our underwater ancestors
developed in their skin a pair of faint,
more tender fissures. They were the eyes: two black holes
the world itself tumbled into. What had once been temperature
turned into light, first glimpsed, translated into touch.

But somehow I already knew.
You showed me without saying so
that sight is touch, a variant
that doesn't call
for closeness. You were right
in my hands, my mouth,
my tapered clavicles, my body's soft,
visible matter. You knew me
at first glance, the gaze a graze; you didn't know it,
but, it's true, you touched me. May this console you.

Escala de Richter

Si hay que medirlo todo, también esto. La destrucción es menor si se comparte. Ordenar incluso y sobre todo áreas de sombra. Darle forma al desastre, cifras que lo sujeten. Ésta es la magnitud local de mi tragedia.

2.5 Sólo se percibe en pisos altos. Estamos en el penúltimo piso de tu vida mirando para afuera. Los huesos de nuestras caras son ventanas. El pasado es presente que se desdice. Si cierras los ojos y miras hacia el sol, comienza el color rojo. El pasado no tiene nombre, empieza en silencio en algún sitio. El temblor a veces es tan tenue que no lo perciben los humanos.

3.5 Tiemblan los vidrios, se mecen las lámparas del techo. Los ciegos prenden las luces de sus casas. En las aulas de la universidad entran bocanadas de pájaros grises y cantan el amanecer a media tarde. El pasado sucede en algún sitio. Por eso es mejor cerrar siempre las ventanas. Nos vemos todos los viernes. Amueblo mi cuerpo con tus palabras. Sabemos entonces algunas cosas, pero no las necesarias. Buscamos contornos en las cuarteaduras de los edificios. Caminamos por las calles de Chimalistac. Nuestras sombras se tocan, desfiguradas, en el empedrado. Usaré sílabas para medir la pérdida.

4.5 Los perros callejeros se lanzan a las avenidas. Empieza el interior en algún sitio. Cerramos firmemente las cortinas. Nos desvestimos lento y sin tocarnos en lados opuestos de la cama. En la madrugada, un loco entra al motel y golpea durante horas nuestra puerta. Empieza el interior en este sitio. Me olvido de mis manos mientras duermes. Cambia la habitación, la miro atravesar la noche rodeada por la luz de la ciudad. El silencio no existe. Crujen los vidrios como los dientes de un viejo. No hay viento, sólo los perros atropellados que ladran en las coordenadas grises de la ciudad a medias. Alguien dice que todo el dolor es rojo.

Richter Scale

If everything must be measured, then this too. There's less destruction if it's shared. Ordering even and especially shaded areas. Giving form to disaster, figures to hold it down. This is the local magnitude of my tragedy.

2.5 It's only felt on upper floors. We're on the second-to-last story of your life gazing out. Our facial bones are windows. The past is a blurring present. If you close your eyes and look sunward, the color red begins. The past is nameless, it starts in silence somewhere. Sometimes the tremor is so faint that humans can't feel it.

3.5 The windows rattle, the ceiling lamps swing. The blind switch on the lights in their houses. Mouthfuls of gray birds blow into the university classrooms and sing the dawn in mid-afternoon. The past happens somewhere. That's why it's best to always keep the windows shut. We meet every Friday. I furnish my body with your words. We know some things, but not the ones that matter. We seek out contours in the cracks across the buildings. We walk the streets of Chimalistac. Our shadows touch, disfigured, on the cobblestones. I'll measure out this loss with words.

4.5 The street dogs fling themselves onto the streets. The inside starts somewhere. We firmly pull the curtains shut. We undress slowly without touching on opposite sides of the bed. In the middle of the night, a madman comes into the motel and pounds on our door for hours. This is where the inside starts. I forget my hands while you sleep. The room changes, I watch it shift through the dark encircled by the city lights. Silence doesn't exist. The

5.5 Caen algunos árboles, algunos destrozos. Suenan las alarmas de los automóviles. Se mueren del susto uno o dos ancianos. Los ríos, también los entubados, cambian de dirección. Los gatos blancos desaparecen. El sonido del mundo comienza a dislocarse. Hablamos pero mis palabras no te tocan. Se rompe el concreto de grandes avenidas, los vidrios revientan de un golpe de vista. Salimos a la calle, atravesamos ejes, nos detenemos en puentes peatonales. Tu sombra tiembla en su estanque. A veces tu mano roza la mía. Yo también camino toda la noche. Los minutos se cuartean. Los sitios se desarman, los perros dejan sus cuerpos desmadejados en las calles. Los semáforos se detienen en rojo. Serpentean los cables gruesos de los puentes. Empieza en mi epicentro el fin del mundo. El final es la primera certidumbre.

6.5 Daños, derrumbamientos. Ya no hay hacia dónde empujar el cuerpo. La destrucción es menos si se dice exactamente cuánta. Hundimiento de postes. Dejo la piel en prenda. Durante horas miro el movimiento del sol en un paso a desnivel. Quiero medir el último día del mundo. El planeta intercambia órbitas con su gemelo negro.

7.5 Destrucción total de la ciudad. Levantamiento de la corteza terrestre. La piedra desbordada. Ladrillos cansados de sostener su peso tanto tiempo. Se mece la colonia como una embarcación a la deriva. Truenan las tuberías bajo la tierra, se liberan los ríos. Se desarman los edificios. La ciudad cabalga a pelo sobre sus escombros. Es una flota de navíos sobre un mar adusto y escarpado. Cae el cascajo como una parvada muerta en pleno vuelo, un manojo de sombras bien cuajadas. Luego no vuelvo a verte, poco a poco, se me rompe tu nombre de la boca. No es posible decir el momento de la pérdida. Sólo el instante previo, el subsecuente. El epicentro es el lugar donde lo sólido olvida sus cimientos. Se anula la geometría perfecta de los muros. Empieza en el centro de mi cuerpo el derrumbe, soy la ciudad rasgada, que se quiebra. Llegan a mi boca pájaros oscurecidos por su miedo.

windows creak like an old man's dentures. There's no wind, just car-struck dogs barking in the gray coordinates of the half-city. Someone says all pain is red.

5.5 Some trees fall, some wreckage. Car alarms go off. An old man dies of fright. The rivers, also the ones running underground, change course. The white cats vanish. The sound of the world begins to dislocate. We speak but my words won't touch you. The concrete of boulevards cracks and splits, the windows shatter with a blow of sight. We go out, cross major streets, stop on pedestrian bridges. Your shadow quivers in a puddle. Sometimes your hand grazes mine. I too walk all night. The minutes fracture. The places come undone, the dogs leave their bodies unraveled on the streets. The stoplights halt at red. The thick cords of bridges snake. Here in my epicenter, the world begins to end. The end is the first certainty.

6.5 Damage, collapses. There's nowhere to push the body anymore. The destruction lessens if you say exactly how much. Sunken posts. I leave my skin as security. For hours I watch the sun move from the elevated freeway. I want to measure the world's last day. The planet exchanges orbits with its dark twin.

7.5 Total destruction of the city. Upheaval of the earthly crust. The stone spilled over. Bricks tired of carrying their weight for all this time. The neighborhood sways like a boat adrift. The piping ruptures underground, the rivers are freed. The buildings disassemble. The city rides bareback over its rubble. It's a fleet of ships on an arid, rocky sea. Debris tumbles down like a flock dead in flight, a handful of well-set shadows. Then I don't see you again, little by little, your name crumbles in my mouth.

8.5 Los insomnes concilian el sueño, los sonámbulos comen sal a cucharadas. Sus madres matan cachorros con la escopeta negra. Cantan los gallos sin cabeza. Se acaba el pasado en ese sitio. Los sastres vomitan hilos plateados.

La escala de Richter es abierta. No tiene límite la magnitud.

No way to speak the moment of the loss exactly. Just the instants previous and following. The epicenter is the place where solidity forgets its foundation. The perfect geometry of walls is nullified. The collapse begins in the center of my body, I'm the ragged city, breaking. Birds darkened by their fear come to my mouth.

8.5 The insomniacs drift off, the sleepwalkers eat salt by the spoonful. Their mothers kill off puppies with the black shotgun. The headless roosters crow. The past is over in this place. The tailors vomit silvered threads.

The Richter scale is open. Magnitude has no limits.

Sobre la luz que no vemos y otras formas de desaparecer

Hay estrellas hasta que se acaba la vista,
estrellas hasta que se cansa la luz, hasta que la luz
no alcanza, dicen   más allá de eso, incluso,
donde no podemos ver, estrellas
      sigue el universo inalterable, siguen
galaxias de entumidas espirales,
porque la luz no llega, porque la luz no alcanza
      estrellas hasta que se nubla la vista,
hasta quién sabe dónde y después
aún, o eso dicen, estrellas; así

con mis ausentes, no
los muertos, los que viven
aunque no los vea, despejan
la mesa en casas que no conozco,
con un gesto cansado toman una manzana,
se amarran las agujetas   no lo sé de cierto pero
puedo deducirlo   que andan por ahí
disfrazados de incógnitos, se saben de memoria
calles que nunca he visto, sus lenguas tocan
palabras de otras lenguas, concretos, afincados
en sus pies y en sus manos, se animan
por la nueva película y absueltos
rompen tazas y vasos y miran
sus reflejos sin sorpresa,
      son como muertos, son como fantasmas,
pero más torpes, más tibios,
      viven tanto como antes, tantas horas,
días completos, todos los minutos de corrido,
cada segundo de cobre en el reloj de la iglesia,

On the Light We Cannot See and Other Ways to Disappear

There are stars until our vision ends,
stars until the light grows weary, until the light
runs out, they say   and beyond that, even,
where we cannot see, stars
        and the unruffled universe goes on, then
galaxies of spirals, numb,
because the light won't come, because the light can't reach
        stars until our vision clouds,
until who knows and where and then
still, or so they say, stars; thus

with my lost beloveds, not
the dead, the ones who live
unseen, clearing
the table in houses I've never visited,
they choose an apple with a tired gesture,
lace up their shoes   I can't be sure
but I can guess   they're there, around,
disguised, anonymous, they've memorized
the names of streets I've never seen, their tongues touch
words in other tongues, concrete, established
in their feet and hands, they brighten
at the latest movie, break, absolved,
glasses and mugs and stare
unfazed at their reflections,
        it's like they're dead, it's like they're ghosts,
but warmer, clumsier,
        they live as long as they once did, as many hours,
entire days, all minutes strung together,
each copper second in the church clock,

igual, les falta el cambio, se desesperan,
se les hace tarde
y cuando los recuerdo
no son quienes son,
son quienes eran, los verdaderos,
no esos farsantes que existen
a mis espaldas, sino
espectros de años abajo,
a contracorriente,   su dulzura
de manos y palabra, de obra y omisión,
de juramentos que se han pasado un poco
de la fecha, se han tornado ácidos,
ligeramente malolientes,
por mi culpa, por mi gran culpa,
        ni siquiera en la soledad estamos solos,
los ausentes andan por ahí
con su caminar de autómata,
de forma oblicua siguen en el mundo,
se levantan, se cepillan el pelo,
qué cansancio,
        el mundo que no vemos
sigue precipitándose y existe,
        por lo menos los muertos
son más congruentes,
        se aferran uñas y dientes a sus tumbas,
se llenan el nombre de ceniza,
sus huesos son de piedra,
se ahuecan en la duda, en la certeza,
y no les amanece nunca,
        les crece un poco el pelo, las uñas,
pero nada más y nada grave,
        no andan por ahí pintándose los labios
saludando de beso en la mejilla,
        no andan por ahí recordando sus sueños

yet they don't have spare change, they're restless,
running late
and when I venture a reminder
they aren't who they are,
they're who they were, their truest selves,
not frauds that live
behind my back, but apparitions
of prior years,
against the grain,   their sweetness wrought
of hands and words, of deed and omission,
of vows just past
their expiration date, gone sour,
reeking faintly
because of me, it's all my fault,
        not even in this solitude are we alone,
the missing wander close
with their robotic gait,
obliquely stalling in the world,
they get up, brush their hair,
and how exhausting,
        the world we cannot see
keeps speeding up, and it exists,
        at least the dead
are more consistent,
        cling tooth and nail to their own graves,
they fill their names with ash,
their bones are rock,
they're hollowed out in doubt, in certainty,
and day won't dawn for them,
        their hair grows out a bit, their fingernails,
but nothing else and nothing serious,
        they don't go around putting on lipstick,
kissing people goodbye,
        they don't go around recalling their dreams

y olvidándome un poco, y pensando
que ésta que soy ahora no es la misma,
*   no andan por ahí llamándome farsante,*
recordando a la otra, y olvidando
mis lunares, uno a uno, estrellas
que se alejan, cuya luz ya no alcanza.

and forgetting me a little, and thinking
I'm no longer who I used to be,
        they don't go around calling me a fraud,
remembering the other one I was, forgetting
my birthmarks, one by one, stars
drifting away, their light too far to notice.

DE EL REINO DE LO NO LINEAL

FONDO DE CULTURA ECONÓMICA, 2020

FROM *THE NON-LINEAR REALM*

FONDO DE CULTURA ECONÓMICA, 2020

Lázaro I

Vine a morir un día de alta mar en Aruba
con las aletas y el esnórquel puestos.
Supe que me moría. No hay peor dolor
que el miedo, hay que decirlo.
Por lo demás, no pude despedirme. Ni siquiera
del cuerpo. De pronto siempre es tarde.
Quise gritar pero el agua me calló la boca.
Desde entonces en un oído escucho,
aunque esté en el desierto, oleaje del Caribe.
Y hasta mi nombre, Celso,
se me ha salado un poco.

Quiero decir dos cosas. Primero:
todos los ahogados en el mar mueren de sed.
Punto y aparte. El tiempo, allá mismo,
en el anverso, es pura orfebrería.
Me levanté del cuerpo
como un niño aletargado de su cama
y me miré desde arriba mecido en el oleaje.
Supe entonces que somos tan ligeros:
pesamos menos que el agua salada.

Me distraigo. Eran dos cosas
que quería decirles. Primero:
la muerte es multitud. Desde arriba
pude mirar, extraña aparición,
a los demás ahogados,
todos ahí, devueltos a su muerte,
acróbatas del agua y del respiro,
llevados por la lengua ávida del mar.
Cada uno una y otra vez, durante siglos,
atravesado por el acto siempre ajeno de morir,

Lazarus I

I came to die on a day of high seas in Aruba
wearing my fins and snorkel.
I knew I was dying. There is no greater pain
than fear, it must be said.
What's more, I couldn't say goodbye. Not even
to my body. Suddenly it's always too late.
I felt like screaming, but the water hushed my mouth.
And ever since I've heard, even if I'm in
the desert, the surf of the Caribbean in one ear.
And even my name, Celso,
tastes saltier to me.

I'd like to say two things. First:
every drowned man dies of thirst.
That's it. There, time,
on the underside, is sheer goldsmithing.
I rose up from my body
like a sluggish child getting out of bed
and stared down at myself, rocked by the waves.
And then I saw how light we are:
we weigh less than salt water.

I'm rambling. There were two things
I wanted to tell you. First:
death is a crowd. From up above
I saw the uncanny apparition
of the other bodies, drowned,
right there, restored to death,
acrobats of breath and water,
borne by the ocean's zealous tongue.
Each one again and again, for centuries,
traversed by the ever-foreign act of dying,

empedernidos en su muerte o resignados,
pero todos muriendo, hay que decirlo,
con la muerte en cuello,
rebosando su sal en los bolsillos. *Entonces*
soy uno de ellos, casi,
soy por poco alimento, tibio todavía,
y me pregunto: ¿qué pez se comerá mi corazón?

Pero no me morí
lo suficiente: mi nombre, Celso,
se me volvió a la boca
y el albedrío de mi cuerpo quiso. *Dos cosas,*
sólo dos, quiero decirles: cada quien tiene el suyo
pero mi dios es esa agua tibia iluminada.
Me atraviesa su lumbre líquida y despierto,
todavía, cada mañana, a veces,
con el oleaje propio de ese mar adentro,
mi sangre una marea tibia y salada, iridiscente.
Y hago de cuenta que la muerte es mi cumpleaños.

hardened in death, perhaps resigned,
but dying one and all, it must be said,
with their death at full blast,
salt spilling from their pockets. So
I'm one of them, or almost,
I've come this close to being food, still warm,
and wonder: which fish will eat my heart?

And yet I didn't die
enough: my name, Celso,
leapt back into my mouth,
and my body's will still wanted. There are two things,
just two, I'd like to say: all have their charms
but my god is this water warm and glimmering.
I'm shot through with its liquid light, and I
still wake, each morning, sometimes,
with the ripples of that sea inside me,
my blood a balmy, salty tide, iridescent.
And I act as if death were my birthday.

Vida: nombre femenino: una aguja en un pajar: cierta inclinación de la luz: vida: sustantivo: véase también: esto es vida: dícese de un pastel de chocolate: dícese de un cigarrillo después del sexo: vida: gestación: reproducción: óvulos: uñas en los fetos: vida: electrocardiograma: declaración de amor: de impuestos: radiografía: hojas a contraluz: escribe un libro planta un árbol: etcétera: vida: etcétera contante y sonante: todo lo que olvidamos también:

Life: a girl's name: a needle in a haystack: a certain slant of light: life: noun: see also: this is the life: said of a chocolate cake: said of a cigarette after sex: life: gestation: reproduction: eggs: fingernails on a fetus: life: electrocardiogram: declaration of love: of taxes: X-ray: sheets against the light: write a book plant a tree: et cetera: life: cold hard cash: and everything we forget:

Lázaro V

Fui a la cocina por un vaso de agua. Sucedió entonces. Lo último
que recuerdo es el sonido del vidrio contra el piso.
No sé si desperté, si sigo vivo. Soy mi propio colofón
de huesos y rutina. Me morí y sostenía en la mano
un simple vaso de agua. Somos, a fin de cuentas, todo
lo que dejamos caer.

Lazarus V

I went to the kitchen for a glass of water. That's when it
                                    happened. The last
thing I remember is the peal of glass against the floor.
I'm not sure if I woke, if I'm still living. I am my own postscript
of bones and routine. I died clutching
a simple glass of water. We are, when all is said and done, each thing
that we let fall.

*Vida: si te da limones: ver biósfera: gameto: limonada: la vida depende se
asocia se vincula: vivo sin vivir en mí: santa Teresa: no te tardes que te
espero: la misma: vida perra: vida mía: por ejemplo ciertas bacterias
quimiosintéticas anaerobias: comer metabolizar excretar respirar moverse
crecer reproducirse: vida: continuamente intercambia sustancias con el
medio circundante sin alterarse: vida: gracias a la: Violeta Parra: vive y
deja vivir: refrán: véase el color verde: el estado de latencia: de lactancia:
dar vida: quitarla: vida la de los otros: vida: duración real o esperada del
funcionamiento de un objeto: persona amada: vida: otro país: un paisaje
distinto: lugar que no sea éste:*

Life: if it gives you lemons: see biosphere: gamete: lemonade: life depends associates connects: I live unliving in myself: Saint Teresa: don't be slow, it is you I wait for: ibid: life's a bitch: love of my life: for example certain chemosynthetic anaerobic bacteria: to eat to metabolize to excrete to move to grow to reproduce: life: continually exchanging substances with its environment without alteration: life: thanks be to: Violeta Parra: live and let live: idiom: see the color green: state of latency: of lactation: to give life: to take it: life that of others: life: real or expected duration of an object's functioning: beloved: life: another country: a different landscape: place that isn't this one:

Lázaro X

Incluso el paraíso necesita un remedio,
remendarse. Lo supe la noche en que fui a visitarlo
y noté varios errores de diseño. Para empezar
los ángeles no son terribles,
son pájaros domesticados y su canto
afónico y desdentado hace llorar a las plantas
y palidece las flores. Las guitarras, ahí,
tampoco se tocan solas, maldita sea.
Estuve un solo día, menos que eso.

La infección áurea me había rozado
el pecho y los pulmones. Anaerobia,
grampositiva, se me filtró en la sangre.
Sepsis, cantaron los ángeles
de batas o alas blancas y comencé a morir
y no había nadie. De adentro para afuera,
a ojos cerrados, fui muriendo
sin ninguna costumbre para abrigarme el camino.

Llegaron los ángeles de volada, desaliñados,
balbuceaban mi nombre y me buscaban
el pulso con dos dedos. Eran sólo
jóvenes desvirtuados y muertos de sueño.
Quise decirles que a ellos también les pasará
la muerte por encima, que no se espanten,
pero sus voces, cacarizas y roncas,
pero sus voces, punzocortantes, de escalpelo.

Quiero decirles no me cierren la boca
con sus medicamentos, no me toquen
con su frío de quirófano híbrido
que me lima los dientes.

Lazarus X

Even paradise needs a remedy,
needs mending. I learned this on the night I visited,
noting several design flaws. For one,
angels aren't terrifying,
they're domesticated birds, and their raspy,
toothless singing brings the plants to tears,
blanches the flowers. Guitars
don't play themselves there, damn it.
I stayed for just one day, a little less.

The golden infection had grazed
my chest and lungs. Anaerobic,
gram-positive, it seeped into my blood.
Sepsis, sang the angels
in their robes and milky wings, and I began to die
with no one there. From the inside out,
eyes shut, I went on dying
without a single custom to shelter my path.

The angels turned up right away, disheveled,
babbling my name, seeking
my pulse with a pair of fingers. They were just
distorted, sleepless youths.
I tried to say that death
will someday run them over too, don't worry,
but their voices, pocked and hoarse,
but their voices, scalpel-sharp.

I want to tell them not to close my mouth
with their medicines, don't touch me
with their hybrid O.R.-cold
that files my teeth.

Veía la pantomima de su angustia,
su crepitar de labios y de alas,
su desazón vertía sobre mi cuerpo una luz blanca,
desbordada polifonía de las palabras arritmia, insuficiencia.
Y mi cuerpo: abierto clavicordio, instrumento
a seis manos.

Aquí todo se cumple, quise decir entonces,
aquí, al otro lado, por fin y ya era hora, nunca es nunca.
Quise romper su siempre
pero tenía la boca seca y me moría de luz
pues lo dorado
me transminaba el cuerpo.

Me mató lo brillante, lo que ilumina:
estafilococo áureo *significa*
que un cuchillo de oro no duele menos
enterrado en el pecho
y la luz toma cuerpo y se acoda en el vientre.

Dos pájaros siniestros en sus perchas
me dividían el corazón
y saboreaban sus gajos.
Me remataban sus ojos sin oxígeno,
el sonido desorbitado de sus maquinarias. Yo
quería habitarme, simplemente,
diminuta efigie, toda lóbulos, poros,
entreveros. Y mis huesos
jubilantes por su pronta liberación:
orquídeas albinas, aráceas envueltas,
palmeras de hueso, frondas, araucarias,
me crecían adentro
germinando
y hablaban entre ellos crac crac crac
diciendo. Pues me cobraba vida

I watched their pantomime of anguish,
their crackling of lips and wings,
their worry spilled white light onto my body,
overflowed polyphony of the words arrhythmia, failure.
And my body: open clavichord, six-hand instrument.

Here everything fulfills itself, I wanted to say then,
here, on the other side, at last and it was time, it's never never.
I wanted to break its always
but my mouth was dry and I was dying of light
because the gold
had filtered through my body.

It was brilliance that killed me, whatever illuminates:
Staphylococcus aureus means
that a gold blade hurts no less
if sunk into your sternum
and the light takes shape and rests inside the belly.

Two sinister birds on their perches
split my heart between them
and relished its wedges.
Their airless eyes finished me off,
the outlandish din of their machinery. All
I wanted was to inhabit myself, that's all,
to be a tiny effigy, all lobes and pores
and mess. And my bones
rejoiced at their approaching liberation:
albino orchids, swaddled arums,
bone palms, fronds, araucarias
all grew in me,
germinating,
and spoke among themselves
saying *crack crack crack*.
And so my skeleton

el esqueleto, huesos al oído,
inmunes a mi muerte,
comenzaba ya su tiempo blanco, despojado
del peso de la piel y sus tejidos.
Sentí su regocijo a contra carne.

Alguien narraba mientras tanto mi muriendo,
no tiene pulso, no respira, paro cardiaco.
Tal vez uno de ellos, el ángel desbocado, tapabocas,
distante recitaba mi muerte travestida,
impulsado por la libido fría de los ángeles,
atornillando su voz a mis mil pliegues,
mientras mi corazón de esponja
desbordaba su sangre a horcajadas.

Dolor a rajatabla, muerte limpia, menudo cuerpo
de agobio y saliva, escabechado.
Es profano morir o debería.

No me importó, de pronto, el paraíso,
sus instrumentos sin cuerdas, las edades completas
de sus muertos, cumplidos. Yo escuchaba
esa voz a quemarropa, mi muerte traducida
al canto del ángel y de pronto
mi corazón, vieja bujía, se enciende,
y la sangre anegada se imanta de nuevo y acelera.
Reincide mi cuerpo en su coreografía.
La muerte es un arte
que no he perfeccionado.
Al escuchar que el ángel
me narraba, decía mi vida a susurro limpio,
quise oírlo o no pude evitarlo
y regresé de vuelta, pero ahora
escucho su voz en el trasfondo, siempre,
diciéndome todo lo que pasa.

came alive, and in my ear, my bones,
immune to my death,
were revving up their chalky time, stripped
of heavy skin and its tissues.
I felt its glee against the flesh.

Meanwhile, someone narrated my dying,
I can't get a pulse, he's not breathing, cardiac arrest.
Maybe one of them, the ragged angel, face mask,
distant, declaimed my death in its disguise,
spurred by the angels' cold libido,
screwing his voice into my thousand folds,
while my sponge-heart
spilled its blood sidesaddle.

Prompt pain, clean death, slight body
of strain and spittle, offed.
Dying is obscene, or it should be.

All at once, I didn't care about paradise,
its cordless instruments, the total ages
of its dead, fulfilled. I listened
to that point-blank voice, my death translated
into angel song, and suddenly
my heart, old fuse, flashes,
and my drowned blood is magnetized again, accelerates.
My body lapses back into its choreography.
Death is an art
I haven't mastered.
When I heard the angel
narrating me, speaking my life in his smooth whisper,
I longed to listen or couldn't help it
and I came back, but now
I hear his voice deep in the background, always,
telling me everything in real time.

Vida: qué es: ver: volver: el vaso y su caída: el esguince que nunca sana: la gravedad de las fracturas: todos los fenómenos biológicos son irreversibles: todo se deshace: el centro no puede sostenerse: Yeats: lo larvario: lo esporádico: qué es de tu: de su: de mi vida: por ejemplo: el génesis por debajo del hielo: véase también: vida: un ramillete de elementos: fósforo: uno de ellos: azufre: otro: somos polvo de estrellas: largo etcétera: chimuelos y estriados: canosos y candescentes: obsolescentes:

Life: what is it: seeing: returning: the glass and its fall: the sprain that never heals: the gravity of fractures: all biological phenomena are irreversible: things fall apart: the center cannot hold: Yeats: the larval: the sporadic: how's life: yours: theirs: mine: for example: genesis under the ice: see also: life: a bouquet of elements: phosphorous: one of them: sulfur: another: we are stardust: long et cetera: gap-toothed and stretch-marked: gray-haired and candescent: obsolete:

Lázaro XI

Ayer por fin dejé de suicidarme.

HEINER MÜLLER

Quise morir. Es cierto. Estaba exhausta
de tanto despertar a contracuerpo y en mi piel
siempre la mitad de la noche.
No había lugar en mi vida
para nada que no fuera la muerte.
Todo era demasiado y me dolía
el más mínimo acorde, el color rojo.

Quise morir, aunque mi cuerpo
no quisiera, quise, a pesar de la sangre
que insiste en recorrerme, a pesar
del crecimiento de mis uñas
y considerando, incluso, que el cuerpo
respira por sí solo cada noche.

Mi nombre hacía agua, sabía a tierra.

Y hay en la vida ese qué será de mampostería
y mamparas, de escenario vacío
que culmina en su ausencia.

Me dolía la saliva de mis niños,
sus noches de cuatro horas,
su procenio. Su llanto que rompe anaranjado
como soles que sangran y coagulan.

Son las veinticuatro horas abiertas,
sus corredores encendidos,
es la moneda inestable del afecto,
el reciclaje de la ternura.

Lazarus XI

Yesterday I stopped killing myself.

HEINER MÜLLER

I wanted to die. It's true. I was exhausted
of so much waking counterbody and in my skin
always in the middle of the night.
There was no room
in my life for anything but death.
It was all too much, and I'd wince
at the slightest chord, the color red.
I wanted to die, even though my body
didn't, I wanted, despite the blood
that insists on coursing through me, despite
the growth of my fingernails
and considering, even, that the body
breathes by itself every night.

My name watered, tasted of earth.

And there is, in life, that what-will-be of set design
and folding screens, of empty stage
that culminates in absence.

I was hurt by the saliva of my children,
their four-hour nights,
their proscenium. Their cries splitting orange
as suns that bleed and clot.

It's the twenty-four-hour convenience stores,
their brilliant aisles,
it's the unstable currency of affection,
the recycling of tenderness.

Es saber que estamos regresando
hacia ningún lugar y no volvemos
a encontrarnos con los que ya se han ido.
Es saber que todo el tiempo que me queda
no vale lo que un instante gris en la ventana
turbia de hace años. Es la vigilia descaminada
de los que mueren de sueño
y no pueden dormir.

Preferí la muerte, ese común denominador.
Quise esta muerte descastada, esta averiada muerte.
Quise morir. He dicho. Quise.
Eso es suficiente a veces: querer algo.
Quise morir y dejé el nombre de mis niños
en la sala de estar, caminé de espaldas
y cerré la puerta. Quise vaciar mi deuda con la vida,
desvestirme de la sangre, ese vestido rojo
que me abriga por dentro. Quise romper el límite
entre el cuerpo y su sombra.

Quise morir. No pude. Qué fracaso.
Y me estorba la voz con la que he vuelto.
Mi voz, este lugar absuelto.
Voz encanecida con su registro de naves incendiadas,
voz digital, trasplantada voz de raíz roja.
Me cansa mi voz
siniestra de palomas
que aletean su ruido en las iglesias,
voz que es algo porque no enmarca nada
más que un vacío de cúpulas y atrios.
A falta de Él hablo hasta por los codos.
Porque fui al otro lado y Dios estaba muerto.
Todos los dioses: muertos o cansados,
descalabrados dioses de estatuillas.

It's knowing that we're going back
to nowhere and won't reunite
with those who are already gone.
It's knowing that whatever time I've got
isn't worth a gray moment at the murky
window of years past. It's the wayward
wakefulness of those desperate to sleep
who can't.

I preferred death, that common denominator.
I wanted this ungrateful death, death broken down.
I wanted to die. I've said. I wanted it.
That can be enough: to want something.
I wanted to die and left my children's names
in the living room, walked backwards,
and shut the door. I wanted to empty out my debt with life,
strip off my blood, the red dress
that drapes me inside. I wanted to break the boundary
between my body and its shadow.

I wanted to die. I couldn't. What a failure.
And the voice I've come back with gets in my way.
My voice, this place of absolution.
This graying voice with its timbre of blazing ships,
digital voice, red-rooted voice transplanted.
I'm weary of my voice,
sinister, its pigeons
flapping their racket in the churches,
voice that's something because it frames nothing
but an emptiness of domes and atria.
For lack of Him, I talk out of my neck.
Because I traveled to the other side and God was dead.
All gods: dead or exhausted,
injured gods of statuettes.

Sólo tengo mi voz que me acompaña,
su ablación malherida y oraciones
desprovistas de nadie.

Only my voice comes with me,
its wounded extirpation, prayers
devoid of anyone.

Orfelia no encuentra un comprobante de domicilio

Toco lo que me queda. Lo que habrá de quedarme.
Dios mudará de dientes. Se atenuarán los círculos,
los años. Pasará lo que pasa siempre:
el tiempo. Me abrigo desde ahora con lo que me hará falta:
la luz esa tarde en la azotea, siete campanadas
en la iglesia del cuerpo. Una hora
rodeada por la lluvia.
Mido mi discordancia. Remonto la usura.
Pronostico el final de mi nacimiento.
La ciudad se ha mudado de sitio.
Unos metros, dicen, se desplaza. Ya no está
donde estuvimos. Y no he vuelto a subir a la azotea.
Fuimos sólo esto: dos piedras sobre una barda,
nombre a nombre. Pienso ahora:
mis huesos de leche sobre tus huesos. Muerte a muerte.
Tal vez seremos siempre lo que no fuimos nunca.
No ruinas. Mapa de fracturas. Ciudad de grietas.
Mi cuerpo hormado por el tuyo. Todo lo que era blando.
Mi único. Mi siempre. La sisa de mi piel.
Incluso el tampoco, el sitio donde empiezan
las últimas veces. El acaso y su resaca de mal vino.
Alguna vez mi abuela, dentadura postiza,
dijo desde la última esquina de su viudez escueta:
escoge lo que has de llevarte. Dos o tres momentos.
La prórroga de los últimos días. Anclaje y penitencia.
Todo lo que nadie recuerda, ni nosotros. El paraíso
enterrado en el viejo jardín, mascota muerta.
De aquí hasta entonces
todo es periferia. Hubiera dicho: amor,
no te detengas. La muerte empieza
a mordisquear nuestros tobillos. Y no llegaremos juntos

Orphelia Can't Find Proof of Residency

My lot is what is left to me. What must be left to me.
God's getting new teeth. The circles will soften,
the years. What always happens will keep happening:
time. I've cloaked myself with what I'll need:
the light that evening on the roof, seven peals
of the body's church bell. An hour
ringed by rain.
I measure my discordance. I scale the usury.
Foretell the ending of my birth.
The city has moved.
Shifted, people say, a few meters. It's no longer
where we were. And I haven't gone back up to the roof.
That's all we were: two stones on a wall,
name to name. Today I think:
my milk bones on your bones. Death to death.
Maybe we'll always be what we never did become.
Not ruins. A map of fractures. City of cracks.
My body worn in by yours. All that was soft.
My only. My always. The seam in my skin.
Even the neither, the place where the last
times begin. The however and its box-wine hangover.
My grandmother, false teeth, once said
from the final corner of her ascetic widowhood:
choose what you need to take with you. Two or three moments.
Deferral of last days. Anchor and penitence.
Everything that nobody remembers, not even us. Paradise
buried in the old garden, dead pet.
From here to there
it's all periphery. I should have said: love,
don't stop. Death starts
to nip at our ankles. And we won't get anywhere
together. We'll be want, we'll be

a ninguna parte. Seremos sed, seremos
sedimento. Explícitos cadáveres apagados.
Calaveras dormidas
al fuego lento de los crematorios.

residue. Explicit corpses snuffed.
Skulls aslumber
in the slow flames of the crematoria.

Orfelia visita al médico

Todos los dioses usan batas blancas. Mañana es tarde. A esto te referías cuando me dijiste que las tiendas están abiertas las veinticuatro horas. A esto te referías cuando me dijiste que había que ir muy lejos. Mi voz es un animal todavía tibio. El lugar donde aquí. La paciente muestra pocos signos de lucidez. Escúchenme. Mi dolor está en otro idioma. Quiero decir que necesito regresar, que me lo devuelvan. Los doctores son cadáveres de plumas, silenciosas corcheas y sobre la tierra los semáforos ya me han olvidado. La doctora come ávidamente una granada. Su cuerpo es limpio como una radiografía. A veces hay que abrir más la incisión para que sane.

Orphelia Goes to the Doctor

All gods wear white robes. Tomorrow is too late. That's what you meant when you told me that the stores were open twenty-four hours. That's what you meant when you told me we had to go far away. My voice is a still-warm animal. The place where here. The patient shows few signs of lucidity. Listen to me. My pain is in another language. I want to say that I need to go back, give it back to me. The doctors are feather corpses, silent eighth notes, and on earth the stoplights have forgotten me. The doctor eagerly eats a pomegranate. Her body is as clean as an X-ray. Sometimes you have to widen the incision for it to heal.

Orfelia borra viejas fotografías de su celular

Ya terminó el viaje: jardín de erizos,
piedras contra el agua, marea y estría,
el artilugio diario de los atardeceres,
cosas que aseguramos
no olvidar nunca,
el sabor de la sal y su intemperie, el mar,
sábana sin sueño que dobla y desdobla
sus esquinas, tu piel contra la mía,
las cabañas de Mario, su guitarra
y canciones. Era la última noche.
El mundo era un acorde pulsado
justo a tiempo. La música redondeaba
las cifras inexactas de nuestros cuerpos
y el hambre del mar. Lo sabíamos bien.
Yo miraba la sombra de la voz,
que es el cuerpo. Tú, la frente
contra mi hombro, aferrabas
mi mano entre las tuyas como un niño:
la felicidad y su envés
de desamparo.

Es cierto. Para siempre
es tarde en esa tarde.
Es lógico colegir que el sitio
en el que estuvimos existe
todavía, aunque nosotros no
o no de la misma forma.
Mario afilará su voz
contra la piedra cerrada de la noche
y al fondo el mar aún
y siempre se romperá la cara

Orphelia Deletes Old Photos on Her Cell Phone

The trip is over: garden of urchins,
stones against water, tide and groove,
the sunsets' daily gizmo,
things we swear
we'll never forget,
the taste of salt and its element, the sea,
sleepless sheet that folds and unfolds
its corners, your skin on mine,
Mario's cabins, his guitar
and his songs. It was the last night.
The world was a chord strummed
just in time. The music rounded up
the fuzzy figures of our bodies
and the ocean's hunger. We knew this all too well.
I watched the shadow of the voice,
which is the body. You, your forehead
against my shoulder, clutched
my hand like a child:
happiness and its underside
of desolation.

It's true. Forever
is late on this late afternoon.
It's only logical to think that where
we were must still exist, although we don't,
or not in the same way.
Mario will whet his voice
against the night's shut stone
and the bottom of the sea will still
and always smash its face
against the boulders. Only the things

contra las rocas. Sólo aquellas cosas
que repiten una y otra vez
su propia destrucción
permanecen. Ya terminó el viaje.
Nuestra piel olía a citronela.

that repeat their own
destruction again and again
can last. The trip is over.
Our skin smelled of citronella.

Orfelia encuentra la garantía del refrigerador

Te lo llevaste y me parece bien. En cualquier caso,
mi casa es fresca y honda y hace mucho
venció la garantía. Era demasiado
para mí sola. No pude con su ruido.
Ahora lo imagino en tu nueva cocina,
impasible y constante. A diferencia de mí,
te acompaña todavía con su silencio espumoso
de enorme concha que acapara el oleaje del mar,
uno de invierno. Seguirá abasteciendo la oscuridad
con su monólogo. Todavía
intenta alargar la vida útil de las cosas, detener,
humildemente, el tiempo. Con su luz de inframundo
alumbra el insomnio de tu hambre. Me pregunto si a veces
su rumor te despierta. Si lo escuchas
enhebrando sus sílabas de hielo. Una vez
me dijiste que incluso en alimentos congelados
no se detiene la descomposición, sólo se alenta.
Aquí tengo la garantía. La fecha exacta.
La hora y el minuto de la compra. Fue
lo primero que compramos juntos para la casa.
Pienso en todo lo que quisimos mantener
fuera del tiempo. De nuestra visita
al centro de conservación del lobo gris
recuerdo esa pickup cargada de venados muertos.
¿Te acuerdas? La descubrimos por el olor. Ahí estaban
apilados uno sobre otro y no era claro
dónde terminaba o empezaba un cuerpo, eran
una sola masa de pezuñas, cornamentas,
pelaje ensangrentado y, sobre todo,
moscas. Tal era el hambre de los lobos.
Indiscreta y eterna, de límites desdibujados.

Orphelia Finds the Refrigerator Warranty

You took it with you, which is fine with me. In any case,
my house is cool and deep, the warranty is long
expired. It was too much
for me to handle by myself. I couldn't take the noise.
Now I imagine it in your new kitchen,
steady and apathetic. Unlike me,
it still accompanies you with its silence
foamed as a colossal seashell hoarding the wintry
surf inside. It will keep furnishing the darkness
with its monologue. It still does what it can
to prolong the shelf life of its contents, to stop, humbly,
time itself. With its underworldly glow,
it lights up the insomnia of your hunger. I wonder if
its murmur ever wakes you. If you hear it
stringing its icy syllables. Once
you told me that not even frozen foods
stop decomposing; the process only slows.
Here's the proof. The dated warranty.
The hour and the minute of the sale. It was
the first thing we bought together for the house.
I think of everything we tried to keep
beyond time's reach. Of our visit
to the gray wolf conservation center, I recall
the pickup truck laden with dead deer.
Do you remember? It was the stench that led us there. They lay
piled in a heap, impossible to tell
where one body ended and another began, they were
a single mass of hooves, antlers,
bloodied pelts, and flies
especially. Such was the hunger of the wolves.
Tactless, eternal, a thing of blurry boundaries.

Es eso. El hambre
que se renueva. El mundo
que insiste. Sus bacterias. Mientras tanto
nuestro refrigerador en tu cocina
deshebra el aire con su quejido luctuoso
sigue cantándole a las cosas que guarda adentro:
quédate, quédate así, no cambies nunca.

That must be it. Hunger
renewed. The world
insisting. Its bacteria. Meanwhile
our refrigerator in your kitchen
frays the air with its mournful moan,
keeps singing to the things it holds inside:
stay here, stay just like this, don't ever change.

Orfelia limpia el clóset

Aún tengo en el clóset el vestido
de novia sin usar y no sé dónde
comprar la naftalina. Esto es algo
que me preocupa últimamente.
Para empezar, me inquieta
no conocer el olor de alquitrán blanco.
No tengo ese recuerdo, ninguna abuela
se desvivía en recorrer con manos maceradas
sus primeros motivos, esos días
en los que sí vivía de a deveras, años
traducidos a tela, encaje, dobladillos.
Y ahora más que nunca me duele
todo lo que no tuve y al no tener
no será recordado. No conozco
el olor de la naftalina. Es más,
no sé dónde comprarla. Es urgente.
Imagino polillas negras, sus alas con ojos,
recorriendo mi vestido blanco:
filamentos y antenas: muselina y encaje.

No quiero alimentar insectos,
mariposas de hábitos nocturnos.
Mejor que permanezca
con sus horas en blanco, sus páginas
que al no decir nada son capaces
de contenerlo todo: lo que ya no, el siempre
cortado al sesgo, rematado, el donde
no estuvimos, quienes ya no seremos.
Porque nosotros no, quiero
que el vestido permanezca, pretina,
lentejuelas y abalorios, sostenidas
todas sus costuras

Orphelia Cleans Out the Closet

I still have my unworn wedding dress
in the closet and I don't know where
to buy mothballs. It's something
that has worried me of late.
For starters, I'm troubled
that I've never smelled naphthalene.
It's not a memory I have. No grandmother
yearned to pass her macerated hands
over her early motives, the days
when she was really living, years
translated into cloth, lace, hems.
And now, more than ever, I'm hurt
by everything I never had and won't
recall. I can't identify
the smell of mothballs. What's more,
I don't know where to buy them. It's urgent.
I picture big black moths, their eye-stamped wings,
traversing my white dress:
filaments and antennae: muslin and lace.

I don't want to feed insects,
butterflies with nocturnal habits.
I'd rather it stay
with its blank hours, its pages
that say nothing and contain
it all: the nevermore, the always
bias-cut, sewn-up, the where
we never got, the ones we'll never be.
Because we didn't, I want
the dress to stay, waistband,
sequins, glass beads, all
its seams sustained

por el hilo blanco de la trama
de una vida que ya no fue la nuestra.
En cualquier momento
podría ponérmelo y volver
a la persona que fui
como a la página favorita de un libro
que amamos y de tanto leerla se abre
exactamente en el mismo sitio.
Poder decirle al tiempo: esto.
Este instante que no pasó. Que siga
pasando para siempre.

O tal vez sería mejor las polillas,
en la noche perenne y polvosa de los armarios,
se alimenten de él a demanda
como de leche materna
dulcemente añejada en encaje y muselina.
Para que crisálida y oruga
crezcan y de la tela, antenas,
se conviertan en lo que deben ser
y vuelen, ala con ala, se levanten.
Serán la vida no vivida
que tomó vuelo y desenvoltura.
Serán ellas descendencia. Llevarán
mi vestido de novia
por los aires, volando
más ligero que nunca,
traducido a nutrientes,
sustento, sustancia de otra vida
a la que no le pondremos nuestro nombre.
Serán lo que no fuimos.
Porque no es absurdo ni terrible
querer que los insectos
sean lo único
que sobreviva de nosotros.

by the white thread of the plot
of a life that wasn't ours.
I could slip it on
at any moment and return
to the person I was
like the best page of a book
we love and read so much it opens
by itself in the exact same spot.
I could say to time: this.
This instant that didn't happen. Let it
keep happening forever.

Or maybe moths would be better,
in the dusty and enduring night of wardrobes,
demanding to feed on it
as if on breastmilk
sweetly aged in lace and muslin.
For chrysalis and caterpillar
to grow, and sprout antennae from the cloth,
becoming what they're meant to be
and rising, wing with wing, into the air.
They'll be the unlived life
that gained flight and grace.
They'll be our progeny. They'll lift
my bridal gown
into the sky, fluttering
lighter than ever,
translated into nutrients
and nourishment, the sustenance of another life
we won't name after ourselves.
They'll be what we were not.
Because it's neither ludicrous nor terrible
to hope
that only insects
will survive us.

DE PROYECTO MANHATTAN

ANTÍLOPE, 2021

FROM *THE MANHATTAN PROJECT*

ANTÍLOPE, 2021

Dramatis Personae

ROBERT J. OPPENHEIMER: *cita versos en sánscrito. Estuvo a cargo del construir la bomba atómica.*

KITTY OPPENHEIMER: *esposa de Robert J. Oppenheimer. De niña le gustaban los caballos. Ahora tiene demasiada sed.*

JEAN TATLOCK: *psiquiatra, comunista, suicida. Fue la pareja de Robert durante muchos años y se siguieron viendo en secreto después del matrimonio de él, hasta la muerte de ella.*

LAS MUJERES DE OAK RIDGE: *un grupo de chicas muy jóvenes que contrató un empresario para trabajar en una fábrica. Sin decirles lo que estaban haciendo les enseñó a aislar el isótopo de uranio para construir la bomba atómica.*

LEONA WOODS: *lo suyo son los deportes, la ecología, la radioactividad. La única mujer involucrada en la construcción y el funcionamiento del reactor nuclear en Chicago. Estuvo presente cuando se logró la reacción en cadena.*

Dramatis Personae

ROBERT J. OPPENHEIMER: quotes poetry in Sanskrit. He was in charge of building the atomic bomb.

KITTY OPPENHEIMER: wife of Robert J. Oppenheimer. She liked horses when she was little. Now she's too thirsty.

JEAN TATLOCK: psychiatrist, communist, dead by suicide. She was Robert's lover for many years and they kept seeing each other in secret after he married and until her death.

THE WOMEN OF OAK RIDGE: a group of very young girls hired by a businessman to work in a factory. Without telling them what they were doing, he taught them to separate the uranium isotope to build the atomic bomb.

LEONA WOODS: likes sports, ecology, radioactivity. The only woman involved in the construction and operation of the nuclear reactor in Chicago. She was present for the achievement of the chain reaction.

(JEAN TATLOCK, una mujer joven de pelo castaño, atraviesa a nado la alberca de vidrio transparente que ha sido colocada sobre el escenario. Se detiene a la mitad, sus pies apenas tocan fondo. Camina hacia el frente. Se distingue su cuerpo bajo el agua, discontinuo. Nos mira y recarga antebrazos sobre la orilla del vidrio. Su cabeza permanece fuera del agua, su pelo negro, intacto, labios rojos.)

Quise vivir, quiero decir: quería: nadé desnuda en un lago, tuve 16 años, me morí de miedo frente al escenario, salí a comprar azúcar, pasé frío en mi departamento, me pinté las uñas, aprendí de memoria el nombre de mis huesos, fui sola al cine en la mañana. Quise vivir, quería: me sangraron las rodillas, me sangraron las costras, aprendí a sangrar, coleccioné cucharas, comí demasiados pistaches, observé la calva brillante de mi tío e intenté distinguir en ella mi reflejo.

(JEAN TATLOCK, a brown-haired woman, swims across the clear glass pool that has been set onstage. She stops halfway. Her feet barely touch the bottom. She walks forward. Her body looks fragmented, discontinuous underwater. She looks at us and rests her forearms on the edge of the glass. Her head hovers out of the water, her hair dark and intact, lips red.)

I meant to live, I mean, I wanted to: I swam naked in a lake, I was sixteen, I was scared to death onstage, I went to buy sugar, I was cold in my apartment, I painted my nails, memorized the names of my bones, went to the movies alone in the mornings. I meant to live, I wanted to: my knees bled, my scabs bled, I learned to bleed, I collected spoons, I ate too many pistachios, I studied my uncle's bright bald head and looked for my reflection.

(Dentro del agua de la alberca un líquido aparece, rojo oscuro, denso como una cabellera, se trenza, se distiende, se propaga. JEAN permanece inmóvil. El agua es un tinto tartárico, tempranillo. Dentro del color espeso, el cuerpo de Jean se borra. Sólo queda la cabeza inmóvil, cercenada, los labios del mismo tono que el agua, las palabras flotando sobre el rojo.)

Supongo que me encontrará mi padre. Esperaré bajo el agua, muerta de frío. Labios azules como aquella vez que sola, de cuatro años, me sumergí en el mar sin tener miedo. Mi padre me rescató entonces pero ahora. Dejaré la mañana apagada, la tele sin sonido y la ventana abierta. Mi padre cree que me rescató. Aclaro. Cree. Quizá piense que puede hacer lo mismo. Ya lo veo. Que llegue a mi casa, no habrá nadie, que toque la puerta, no habrá nadie, que salte por la ventana. El futuro imaginado es opción múltiple. El futuro imaginado es cierto, tanto. Lo dejaré sin hija y, si la vida es una ecuación, como pensaba Robert, yo he sabido anularla y regresar al cero.

(JEAN sumerge la cabeza en la alberca.)

(Inside the water of the pool, another liquid appears, dark red, dense as a head of hair, braiding together, bloating, spreading. JEAN stays still. The water is a tartaric, tempranillo hue. Within the thick color, Jean's body blurs. Only her motionless head remains, truncated, her lips the same color as the water, her words floating over the red.)

I suppose my father will find me. I'll wait underwater, freezing to death. Lips blue like the time I plunged into the ocean and wasn't afraid at four years old. My father saved me then but now. I'll leave the morning snuffed, the television mute, the window open. My father thinks he saved me. Let me be clear. Believes. Maybe he thinks he can do the same. I can already see it. Let him come to my house, no one will be home, let him knock on the door, no one will be home, let him climb in through the window. The imagined future is multiple choice. The imagined future is true, so much. I'll leave him daughterless, and if life is an equation, as Robert believed, I've been able to solve it and return to zero.

(JEAN dunks her head underwater.)

(El agua de la alberca se vacía. No hay nadie dentro. Nadie dentro, ante, bajo, con, contra. No hay nadie sobre la mesa de autopsia, sólo un cuerpo, un antes y un después, una quietud compleja, llena de huesos, sangre que se estanca, inflexiones. Entra JEAN con un vestido rojo, el sonido de sus tacones es un segundero estricto, un tiempo que se saca filo contra la madera, artefacto de manecillas y dientes. Le da la varias vueltas a la mesa de autopsia al mismo ritmo.)

Los muertos ya no son lo que eran. Eso lo decía mi maestro de fisiología en primer año. Ahora duermen horas extra sobre la mesa de metal, sus pieles almidonadas huelen a formol. No le temen a nada. Dóciles, dejan que esculquemos sus órganos, que les contemos huesos al oído. Practicamos, con ellos, en ellos, practicamos.

(The pool is empty of water. There's no one inside. No one inside, in front, beneath, with, against. There's no one on the autopsy table, just a body, a before and an after, a complex stillness, filled with bones, stagnating blood, inflections. Enter JEAN in a red dress, the click of her heels is a strict second hand, a beat sharpening itself against the wood, artifact of clock hands and teeth. She walks several circles around the autopsy table to the same rhythm.)

The dead aren't what they used to be. That's what my freshman-year physiology teacher always said. Now they sleep extra hours on the metal table, their starched skin smells of formaldehyde. They fear nothing. Docile, they let us plumb their organs, count bones into their ears. We practice, with them, on them, we practice.

(JEAN se acuesta sobre la mesa. El metal frío contra su espalda.)

Le pedí a Robert que me hablara de la bomba. Eso es traición, me dijo. Y yo le contesté: todo esto lo es, en más sentidos que uno. Fue la última noche. Vino a visitarme desde su deseo deslumbrado. Hablaba aventando lejos sus palabras, como si le quemaran. Yo intentaba convencerlo, enfilando mis palabras letra a letra contra las suyas: era mejor que el átomo no pudiera romperse. Deseaba que la estructura íntima del universo fuera concreta, irresoluble. Del otro lado de nuestras voces, la lluvia atenuaba la última esquina del otoño contra el vidrio. Me dolían los vértices de sus sílabas, los huesos de sus manos. No es de extrañar que todo sea de espléndida belleza: es el pasado. Partió una manzana roja con los pulgares y me entregó la mitad. Estábamos desnudos.

(Una manzana roja sobre la mesa de autopsia.)

(JEAN lies down on the table. The cold metal against her back.)

I asked Robert to tell me about the bomb. That's treason, he said. And I replied: all of it is, in more ways than one. It was the last time. He came to see me with his dazzled desire. He'd flung his words far off, as if they seared him. I tried to convince him, sharpening my words, letter by letter, against his: it was for the best that the atom couldn't break. I longed for the intimate structure of the universe to be concrete, unsolvable. On the other side of our voices, the rain dimmed autumn's final corner against the pane. I was wounded by the angles of his syllables, the bones of his hands. It's not surprising that everything is splendidly beautiful: it's the past. He split a red apple with his thumbs and gave me half. We were naked.

(A red apple rests on the autopsy table.)

(JEAN saca de su bolsa una madeja de estambre, practica verbos irregulares en alemán, se pinta los labios sin espejo, o come una granada y se mancha la boca. O habla dormida. O aguanta la respiración bajo el agua. O todas las anteriores. O ninguna.)

Hasta los días felices,
con su itinerario de té y ruido blanco,
con su olor a lluvia y sus tardes de sol
echadas a sus anchas como viejas mascotas
sobre la baldosa del patio,
hasta los días felices
cuando no duele sonreírle a los otros
o tomar a los niños de la mano,
tienen su maría luisa de agobio,
su tuétano de desamparo,
son apenas vivibles
y no alcanzan,
como el domingo que de niños nos daban,
para nada.

(JEAN pulls a skein of yarn from her bag, practices irregular verbs in German, applies lipstick without a mirror, or eats a pomegranate and stains her mouth. Or speaks in her sleep. Or holds her breath underwater. Or all of the above. Or none.)

Even the happy days,
with their itinerary of tea and white noise,
their scent of rain and sunny afternoons
sprawled contentedly as old pets
on the paving stones in the yard,
even the happy days
when it doesn't hurt to smile at people
or take children by the hand,
have their picture frame of desolation,
their marrow of helplessness,
are barely visible
and aren't enough,
like childhood pocket money,
good for nothing.

(JEAN de espaldas al escenario, a la luz.)

La vida, todo su aquí: el ladrido mutilado del perro, palabras crudas y cocidas, la gotera del lavabo, el mercurio pequeño de los termómetros, la lluvia a contraluz, dos cucharas de té, los días impares.

(JEAN with her back to the audience, to the light.)

Life, the whole here of it: the dog's mutilated bark, words raw and cooked, the leaky faucet, the tiny mercury of thermometers, the backlit rain, two spoonfuls of tea, odd-numbered days.

(Penumbra. Entra en escena la primera consulta. JEAN mira el piso. A su alrededor un círculo blanco. La luz se vuelve un poco más intensa. El círculo está formado por una serie de batas médicas. Un sonido rompe el aire, trozo a trozo, un sonido punzocortante. Son las tijeras que JEAN sostiene detrás de la espalda. Se sienta con las piernas cruzadas como un niño. Toma una de las batas y comienza a cortarla sin orden aparente. El sonido de la tijera sobre la tela se reproduce como si no fuera una sola sino una multitud que corta el aire. Se deforma hasta convertirse en el canto de pájaros. Amanece. La luz se vuelve tan fuerte que deslumbra. No se distingue nada más que el blanco.)

Ella durmió junto a mí, en el año número, en el otoño nuestra sombra sobre las hojas, ella durmió a mi lado, en la habitación que no, en el hambre que siempre. Todavía me acuerdo. Todo el invierno me desveló su nombre. Ella durmió junto a mí. Nadamos desnudas en el lago que ya. Esto es lo que quería decir. Sus brazos pálidos.

(Semidarkness. First doctor's appointment. JEAN stares at the floor. A white circle around her. The light intensifies slightly. The circle is formed by a series of white doctor's coats. A sound splits the air, piece by piece, a sharp sound. It's the scissors JEAN holds behind her back. She sits down cross-legged like a child. She takes one of the coats and begins to cut it haphazardly. The sound of the scissors on the fabric multiplies as if it weren't just one instrument, but many cutting into the air. It warps until it morphs into birdsong. Day breaks. The light grows dazzlingly bright. Nothing is visible but white.)

She slept beside me, in the year of, in the autumn of our shadow on the leaves, she slept beside me, in the room that wasn't, in the hunger that always. I can still remember. All winter long her name kept me awake. She slept beside me. We swam naked in the lake that already. This is what I meant to say. Her pale arms.

(Pasan los años. El viejo jardín es una tumba. Los sordos comen caracoles junto al río, la sangre olvida su pulso, se descascara. JEAN observa el hambre diminuta de los insectos. Cosas que se rompen.)

Porque mi hambre y mi sed y mis huesos contados
y mis años a veces porque me duele el nunca
la bastilla del cuándo porque radico
en la quinta parte de la duda de Dios
porque es algo simplemente fisiológico
porque el agua del lago estaba fría
porque la sangre es sombra porque la fruta es negra
porque queda muy lejos porque Robert me dijo
que el tiempo se mide en kilómetros porque
he perdido demasiados calcetines porque apenas
porque no porque ahora queda lejos
todas partes porque mi idioma atardece
porque octubre porque uno de cada siete días
es lunes porque perdí mi labial porque perdí mi voz
porque mi voz es roja porque los años
me estriaron la piel y estoy muy sed
y estoy muy sombra y hablo dormida
y hablo muy lejos porque ya me cansó el sin embargo
porque de niña no tenía donde esconderme
porque mi casa era pequeña.

(Years pass. The old garden is a grave. The deaf eat snails beside the river, the blood forgets its pulse, it peels. JEAN studies the miniscule hunger of insects. Things that break.)

Because my hunger and my thirst and my counted bones
and my years sometimes because never and the hem
of when hurt me because I live
inside the fifth part of the doubt of God
because it's something simply physiological
because the lake was cold
because blood is bold because the fruit has darkened
because it's very far away because Robert told me
time is measured in kilometers because
I've lost too many socks because barely
because no because now is far away
and everywhere because my language dusks
because October because one of every seven days
is Monday because I lost my lipstick because I lost my voice
because my voice is red because the years
stretched out my skin and I'm all thirst
and I'm so shadow and I talk in my sleep
and I talk far away because I'm exhausted by however
because I had nowhere to hide when I was little
because my house was small.

(Frecuenta que su sombra, que si apenas su nunca mientras tanto toma agua a veces para siempre canta apenas en la ducha y sin embargo.)

La noche también tiene huesos largos. Es la luna, llena de cicatrices. Su luz aún suena hueca contra las paredes. Una vez te escribí una carta. Te esperé en el borde de la última hora y metí mis pies al río. Pero los años son gatos ariscos que no vuelven. Y el afuera continúa: el día se oxida y oscurece. Mi cuerpo está compuesto de esos pájaros grises y sin gracia que habitan las ciudades. Saltan sobre el pavimento sin estilo. No saben que vuelan. Pero mi sangre es redonda y envenena. Y el corazón a tientas. Lo que quiero decir es que se acabó la tinta de mi pluma y tú no estabas. Se rompió la ventana y llovió dentro de casa toda la noche. Tú no estabas. Se fueron las luces. No había velas. Quiero decir que cuenta regresiva, que sed y duermevela, que ya me queda poco. La sangre aquietará su duda. Olvidaré el nombre de mis huesos. Quiero decir que esto pasará y tú no estarás ahí.

(She frequents that her shadow, which although barely her never she drinks water sometimes meanwhile she hardly sings in the shower and nonetheless.)

The night too has long bones. It's the moon, papered in scars. Its light still knocks hollow against the walls. I wrote you a letter once. I waited for you at the banks of the final hour and dipped my feet in the river. But the years are skittish cats that don't return. And the outside goes on: the day rusts and darkens. My body is made of those gray and graceless city birds. They hop across the pavement without style. They don't even know they can fly. But my blood is round and poisonous. And the heart fumbling along. What I mean to say is my pen ran out of ink and you weren't there. The window broke and it rained inside the house all night. You weren't there. The lights went out. There were no candles. I mean to say that countdown, that thirst and fitfulness, that I'm running out of time. My blood will soothe its doubt. I'll forget the names of my bones. I mean to say that this will pass and you won't be there.

(JEAN está sentada frente a una Singer. Con el pie derecho acciona el pedal. Se escuchan las dentelladas de la aguja, el afán mecánico del aparato. A la derecha de JEAN, un montículo de batas blancas de un metro y medio de alto.)

Quiero saber morir, no me da pena, toda la vida imaginé ese instante, construí mi trayecto cambiando de lugar mis huesos. Construí mi trayecto a base de reincidencia pura, con la impronta salada de mi muerte pululando. Más arriba me espera, a contrapelo practica sus direcciones de escena. Más arriba me espera y no muy lejos. Su desuso. Ahora mi cuerpo es un lugar sin sombra. Pronuncio mis recuerdos en reversa. Me desahucio.

(JEAN sits at a Singer sewing machine. She pumps the pedal with her right foot. We hear the bites of the needle, the mechanical urging of the device. To JEAN's right, a pile of white robes a meter and a half high.)

I want to know how to die, I'm not ashamed, I've imagined this instant my entire life, I forged my path rearranging my bones. I forged my path of sheer relapsing, with the salty imprint of my death aswarm. It waits for me up there, practicing its stage directions against the current. It waits for me up there, not far. Its disuse. Now my body is an unshaded place. I utter my memories backwards. I evict myself.

Ya no será necesario este asunto de la probabilidad de ser feliz y preguntarse cuántas veces, dónde exactamente, cuánto. No será necesario ensuciarse las manos con la sangre de otros o la propia. Habitaré la tierra sembrada con sal, en sus extensas llanuras existiré sin simetría posible. Iré donde los venados beben linfa, donde moriré ayer y para siempre. Donde he olvidado la latitud de tu cuerpo, sus coordenadas. Mi lenguaje atardece, pero esta luz, aunque sea a ciegas, ya es ganancia. Camino sobre la sombra de mis muertos como piedras para cruzar el río.

There will be no more need for all this business about the probability of being happy and wondering how many times, where exactly, how much. There will be no need to sully one's hands with the blood of others or one's own. I'll inhabit the salt-sown earth, I'll exist on its vast plains with no possible symmetry. I'll go where the deer drink lymph, where I'll die yesterday and forever. Where I've forgotten the latitude of your body, its coordinates. My language dims with twilight, but this light, however blind, is something. I walk the shadows of my dead like stepping stones across the river.

No sé si sabré morir, si lo he olvidado. Hay agua en la parte superior de mi voz. No aprenderé a caminar de espaldas, que respirar así, que respirar, qué lento traduce mi corazón el celo de estas pastillas blancas. Barbitúricos. Olvidaré mi ayer, mi haber nacido. Si a la mitad del tiempo, barbitúricos, vacilación. Después de todo, aprenderemos a dejar de respirar. Algo que se apaga, simple y necesario. Esto. Mi padre riega las plantas al otro lado del atardecer. Le habla en anglosajón a las orquídeas. Cuenta los cuervos sentados en las últimas ramas. No lo veré morir. Me llenará la tumba con sus palabras de vidrio. Seré su desencuentro. Agua a voz en cuello, sibarita de sangre, estoy llena, barbitúricos, llena de sangre sin lugar a donde. Cada latido de mi corazón vuelve mi corazón en contra mía. Mi padre me encontrará lo dicho, me sacará del agua, ocultará la curva de mi letra en el fuego. Y no podrá escapar nunca de haberme visto muerta. Aunque se vaya lejos, no habrá salido nunca de mi casa. Yo tampoco. Ahuecaré las vocales de mi nombre, dejaré de morderme las uñas. Enredo mis años alrededor del índice, mis manos que tocaron el momento, que perdieron. Todos los pájaros han muerto contra la ventana de mi cuarto. Tal vez sí viviré. Encontraré en el agua el oxígeno, sabré desmadejarlo: OH. Barbitúricos. Quiero apagarme. Sacar todos los verbos de mi cuerpo. Yo que nadé desnuda con mi mejor amiga en un lago, quiero morir por agua. Porque lo más querido es lo que mejor puede matarnos. Porque, ya que amamos a muchos, ¿podemos también matarnos a todos? Barbitúricos. Puedo hablar sin crecer. Pues mis palabras son círculos rotos. Le daré a Dios cucharadas de azúcar en la boca, podré hablarle sin más de tú a tú y su siempre me llegará a las rodillas. Barbitúricos. El corazón hace agua. No hace frío o tal vez mi piel ya no lo sabe. Ya no abriré los ojos.

(Abre los ojos)

I'm not sure if I'll know how to die, if I've forgotten. There's something in the upper part of my voice. I won't learn to walk backwards, that breathing like this, that breathing, how slowly my heart translates the estrus of these white pills. Barbiturates. I'll forget my yesterday, my having been born. If halfway through time, barbiturates, vacillation. When all is said and done, we'll all learn to stop breathing. Something that switches off, simple and necessary. This. My father waters the plants on the other side of dusk. He speaks in Anglo-Saxon to the orchids. He counts the crows perched on the final boughs. I won't watch him die. He'll fill my grave with his words of glass. I'll be his disagreement. Water at the top of my lungs, sybarite of blood, I'm full, barbiturates, full of blood without a where. Every beat of my heart turns my heart against me. My father will find my said, pull me out of the water, hide the curve of my script in the fire. And he won't ever be able to escape having seen me dead. However far away he goes, he'll never make it out of my house. I won't either. I'll hollow out the vowels of my name, I'll stop biting my nails. I tangle my years around my index finger, my hands that touched the moment, that lost. All the birds have died against the window in my room. Maybe I'll live after all. I'll find oxygen in water, know how to slacken it: OH. Barbiturates. I want to put myself out. Wrest all the verbs from my body. I who swam naked in the lake with my best friend wish to die by water. Because the most-loved thing is the one that can kill us best. Because, since we love many, can we also kill many in us? Barbiturates. I can speak without growing. For my words are broken circles. I'll spoon sugar into the mouth of God, I'll be able to speak to him as equals and his always will come up to my knees. Barbiturates. My heart founders. It isn't cold, or maybe my skin no longer knows. I won't open my eyes anymore.

(She opens her eyes)

(La luz se enciende lentamente y aparece Kitty Oppenheimer sentada en un sillón viejo y mullido. En torno suyo, botellas y copas cubren por completo el piso del escenario así como las dos mesitas colocadas junto al mueble. Kitty viste un suéter negro de tortuga arremangado y un pantalón enrollado sobre sus pantorrillas. Extiende la mano derecha y coloca el índice sobre el borde de una copa. Hace lo mismo con la izquierda y con el dedo gordo de ambos pies y comienza a deslizar las yemas sobre el vidrio. Interpreta el *Cuarteto para el final de los tiempos* de Messiaen. Las copas sobre las que recarga los dedos comienzan a llenarse de sangre.)

Lo siento. He tomado tanta ginebra
que ya hasta empezó a manifestárseme
el final de los tiempos. Mi hijo
moja la cama todas las noches.
Mi hija se ahoga en su llanto.
Mi esposo llega tarde
y me pasa una toalla por la frente.
Me entrega algo.
Tal vez el paraíso sea esto:
un vaso de leche fría
a la entrada de la noche.

(The lights come up slowly and KITTY OPPENHEIMER *appears, seated in a soft old armchair. All around her, bottles and glasses completely cover the floor of the stage, as well as the two small tables located near her chair.* KITTY *is wearing a black turtleneck sweater with the sleeves pushed up and slacks with the cuffs rolled. She extends her right hand and places her index finger on the lip of a glass. She does the same with her left hand, and with the big toe of both feet, sliding the pads of her fingers and toes along the glass. She plays* Quartet for the End of Time *by Messiaen. The glasses she rests her fingers and toes on begin to fill with blood.)*

I'm sorry. I've drunk so much gin
that the end of the world has begun
to manifest itself. My son
wets the bed every night.
My daughter drowns in her tears.
My husband comes home late
and presses a cloth to my forehead.
He gives me something.
Maybe this is paradise:
a glass of cold milk
at nightfall.

El tiempo está cerca:
bienaventurado el que le da de comer a sus hijos en la boca,
el que nunca termina de limpiar su casa
y ha olvidado el sabor de la risa.
¿Quién será el primogénito de los muertos?
Es mejor que mi esposo lo decida
sin consultarme.
Whiskey para la gran tribulación, he dicho.
Un viaje sólo de ida a Patmos, Nuevo México.
Oí detrás mío la sombra que emanaba de las montañas,
oí detrás mío los nombres de las piedras en mi zapato:
Éfeso, Esmirna, Pérgamos, Filadelfia.
Una hermana mía vive en Philly.
En su casa hay siete candelabros,
en su sueño se acuesta con su vecino
y sus gemidos saben a mimosas.
Todo aprenderá a ser fuego
y mi voz será el estruendo de muchas agujas
y la palabra honda del uranio.

Mi esposo habla el lenguaje llano de la bomba,
de su boca sale la espada de dos filos.
No temas, dirá,
no soy el primero,
tan sólo el último.
Una franja de luz avanza por el cuarto hasta tocarme.
Afuera de mi casa y de mi cuerpo,
el ruido del sol quema los hierbajos.

The time is nigh:
blessed is she who feeds her children by the spoonful,
who never finishes keeping house
and has forgotten the taste of laughter.
Who will be the firstborn of the dead?
Better for my husband to decide
without asking me.
Whiskey for the great tribulation, that's what I say.
A one-way trip to Patmos, New Mexico.
From behind me, I heard the shadow radiating from the
mountains;
from behind me, I heard the names of the pebbles in my shoe:
Ephesus, Smyrna, Pergamon, Philadelphia.
I have a sister in Philly.
There are seven chandeliers in her house,
she dreams of sleeping with her neighbor
and their moans taste like mimosas.
Everything will learn to be fire
and my voice will be the roar of many needles
and the cavernous word of uranium.

My husband speaks the level language of the bomb,
the double-edged sword emerges from his mouth.
Don't be afraid, he says,
I'm not the first,
only the last.
A strip of light progresses through the room until it touches me.
Outside my house, outside my body,
the noise of the sun burns the weeds.

(Entran en escena las abejas, un enjambre que desdibuja con su ruido la melodía de KITTY. La cubren casi por completo. Sólo quedan a la vista sus manos y sus pies que las abejas no tocan. Estas extremidades, casi autónomas, siguen tocando la melodía sin inmutarse.)

Dice estas palabras
la que cambió la leche por el vino,
la que anda con sus hijos
a la mitad de las barrancas,
la que conoce la cólera
de las gramíneas,
la que parió sin ayuda
en un hospital de siete cuartos,
la que cría cadáveres y les enseña
a escribir sus nombres.

(Bees enter the scene, a swarm whose noise muffles KITTY's melody.
They almost completely cover her. Only her hands and feet are untouched
by the bees. These extremities, nearly autonomous, keep playing the
melody, unfazed.)

These words are spoken
by the woman who turned milk into wine,
who wanders with her children
through the middle of ravines,
who knows the rage
of grass,
who gave birth unassisted
in a seven-room hospital,
who raises corpses and teaches them
to write their names.

He sufrido y he tenido paciencia.
He preparado cocteles para las otras esposas.
El Manhattan es el favorito, por razones obvias:
dos onzas de whisky de centeno, media
de vermuth dulce, algunas gotas
de amargo de angostura, una cereza.
¿He dicho dos? son cuatro, cuatro onzas de whisky,
tres de vermuth, a quién le importa
la cereza. Hemos hablado de las cosas que sucederán.
He mandado a cortar los nombres de las plantas,
he bañado a mi hija recién nacida en el fregadero de la cocina,
he tomado una botella entera de ginebra
y no me he desmayado.

La tierra tiene buen oído
pero quedará sorda
después del estruendo de la bomba.
No temo lo que voy a padecer.
En la ventana
los pájaros grises cruzan el cielo de un lado a otro
como piedras.
Mi nombre es una función: mamá.
Mi otro nombre es de niña.
Esto es lo que fui:
nada,
menos que nada,
oxígeno y óxido.
Un puñado de elementos inflamables.

Pocas cosas son ciertas.
Sólo mis zapatos

I've suffered and shown patience.
I've mixed cocktails for the other wives.
The Manhattan is their favorite, for obvious reasons:
two ounces of rye, half
an ounce of sweet vermouth, a splash
of bitters, a maraschino cherry.
Did I say two? It's four, four ounces of rye,
three of vermouth, who cares
about the cherry. We've discussed the things that will happen.
I've had the names of plants cut back,
I've bathed my newborn daughter in the kitchen sink,
I've drunk an entire bottle of gin
without passing out.

The earth has a good ear
but the thunder of the bomb
will deafen it.
I don't fear what I'm going to endure.
In the window
the gray birds cross the sky from end to end
like stones.
My name is a function: mama.
My other name is a little girl's.
This is what I was:
nothing,
less than nothing,
oxygen and oxide.
A handful of flammable elements.

Few things are true.
Only my shoes

y mis uñas
cuando las pinto de rojo.
Es cierto
el aliento a leche de mi hija,
noches de calostro y sabia,
las manos de relojero de mi esposo,
la niñez de los caballos.
A veces,
el moho que crece en el pan agrio.
La ginebra.
Definitivamente la ginebra.

Pero ya me queda poco.
La botella no tiene casi nada,
mi hija morirá un día lejos de aquí.
Su propia mano callará su nombre.

Tal vez me equivoqué toda la vida
y lo único cierto es lo que está
a punto de acabarse.
Lo demás es exceso, redundancia.

Todo esto sucederá muy pronto:
me lo ha dicho
ese viento ardiente
que incendió las flores de los árboles.
No me impondrá el ángel un castigo distinto
al que ya tengo.
La bomba es una puerta abierta
que nadie puede cerrar. Robert
la dejó así, de par en par, al irse
y se metió el desierto hasta la sala.
El átomo se romperá
como se rompen las varas secas
debajo de las pezuñas de los caballos.

and fingernails
when I paint them red.
My daughter's
milky breath is true,
nights of colostrum and sap,
the watchmaker hands of my husband,
the childhoods of horses.
Sometimes
the mold that spreads on bitter bread.
And gin.
Definitely gin.

But I'm nearing the end.
The bottle doesn't have much left,
my daughter will die someday, many miles from here.
Her own hand will silence her name.

Maybe I've been wrong my entire life
and the only true thing is what's about
to be over.
Everything else is excess, redundancy.

All of this will happen very soon:
I heard it
from the scorching wind
that set the blossoms in the trees ablaze.
The angel won't subject me to a punishment
that's different from the one I've got.
The bomb is an open door
that no one can shut. Robert
left it like that, gaping, when he left
and the desert flooded the living room.
The atom will break
like dry sticks
under horses' hooves.

Robert: dile a tu amante que tema
la muerte por agua porque yo haré
que vengan todas las mujeres del pueblo
y reconocerán cuánto te he amado
y la nueva Jerusalén descenderá del cielo,
armada de luz
en caída libre.

Robert: tell your lover she should fear
a death by water because I'll summon
all the women in town
and they'll know how much I've loved you
and the new Jerusalem will descend from the heavens,
armed with light
in free fall.

DE PLANETAS
HABITABLES
ALMADÍA, FUTURA PUBLICACIÓN

FROM *HABITABLE*
PLANETS
ALMADÍA, FORTHCOMING

Herencia electiva

Hoy traigo puesto el sostén
de mi abuelita muerta.
Es negro y tiene encaje
y me queda perfecto.
Qué sorpresa. Éramos
tan distintas. Ella
hasta la noche antes
de su muerte insistía
en lavarse la cara
y usar todas sus cremas antiarrugas
y yo a veces apenas, a veces
repruebo en serotonina, hablo
el idioma errático de la depresión endógena,
soy desniveles químicos, kármicos
de esa misma abuela que años antes
casi se desangró en la tina, en la infancia
de mi madre o salió en coche y dijo
que nunca volvería, quiero decir
que me oscurezco a veces como ella,
que se me otoña el cuerpo tan sobrando.

Pero cambió. Ya luego no quiso
morir nunca, ni cuando se cerró su edad,
aunque su cuerpo quiso
ella se abstuvo, prefería
no hacerlo. Y hoy
traigo puesto
su sostén, tan negro, tan encaje,
porque he volteado las piedras de los ríos,
porque es eso, al fin, lo que quisiera
heredar de ella, sus ganas
de quedarse.

Elective Inheritance

Today I'm wearing my dead
grandmother's bra.
It's black lace
and fits me perfectly.
What a surprise. We were
so different. She insisted
until the night
before she died
on washing her face,
applying all her anti-wrinkle creams,
while sometimes I barely, sometimes I
fail at serotonin, speak
the erratic language of endogenous depression,
am the karmic, chemical imbalances
of that same grandmother who once, years back,
almost bled out in the bathtub, when
my mother was a child, or drove away and said
she wasn't coming back, I mean
sometimes I darken in the way she did,
my body autumns in its surplusness.

But she changed. And then she didn't
ever want to die, not even when her age shut down,
and even when her body wished it
she abstained, would have preferred
not to. And today
I'm wearing
her bra, so black, so lace,
because I've overturned the river stones,
because that's what, when all is said and done, I'd like
to inherit from her, her
desire to stay.

La recuerdo:
lo último que comió en la tierra
fue un durazno prensado.
La recuerdo:
sus pies no tocaban el piso
cuando se sentaba en la silla
del viejo comedor.
Acostada en la cama de la última noche,
hundiéndose en su muerte sin salida,
se sostuvo con fuerza de mi mano
como si yo pudiera traerla de regreso.
Se murió
con las uñas pintadas de rojo.
Esto es cierto: favor
de remitirse
a la evidencia.

Abuela:
yo fui tu descendencia
tu estado de latencia, tu lactancia,
la forma de tus manos y tus dudas,
la pausa antes del acto.
Abuela: duro orden de sangre y leche,
armisticio, yo fui
las deudas que olvidaste,
la sombra de tu cuerpo en la banqueta,
la hebilla de tu zapato izquierdo.

Abuela. Gametos y labiales
que de niña yo frente al espejo.
Abuela. Luz
de medianoche. Esas
bolsas donde guardabas
bolsas donde guardabas
sobres de azúcar

I remember her:
the last thing she ate on earth
was a dried peach.
I remember her:
her feet didn't touch the ground
when she took her seat
in the old dining room.
Lying in bed on that last night,
sinking into her dead-end death,
she clutched my hand
as if I could lead her back.
She died
with her nails painted red.
This is true: please
see
the evidence.

Grandma:
I was your progeny,
your latent state, your lactation,
the shape of your hands and your doubts,
the pause before the act.
Grandma: harsh order of blood and milk,
armistice, I was
your forgotten debts,
the shadow of your body on the sidewalk,
the buckle on your left shoe.

Grandma. Gametes and lipstick
that I as a little girl at the mirror.
Grandma. Midnight
light. Your
bags of bags
of sugar packets
and diminutive trash, so

y basura diminuta, tan
brillante. Abuela. Oropel de a peso,
cajita de música, chatarra de oro lenta.
Abuela. Bisutería. Piel, cabello, ojos.
¿Dónde están? Tanta materia inerte, tan
biodegradable.
Abuela, tenías miedo de dormir,
me despertabas. Nunca saldrás del hambre,
ni caminas a oscuras sobre la alfombra,
ni jamás fuiste apenas, duramente.
Abuela. Baraja de olvidos, ruina de telómeros,
siempre hacías trampa en los juegos de mesa
y querías vivir sobre todas las cosas
a pesar de tu cuerpo.
Esta mañana
decidí ponerme tu sostén de encaje,
¿lo recuerdas?
Tus ganas de vivir
contra mi cuerpo,
tus ganas
de sostenerte al mundo,
de quedarte.
Porque eso es lo que quiero:
heredar tu deseo,
amanecer con hambre.
Porque no todo lo negro es luto.
Lo sabías.

radiant. Grandma. Tinsel worth
a peso, music box, slow-gold junk.
Grandma. Costume jewelry. Skin, hair, eyes.
Where are they? So much inert matter, so
biodegradable.
Grandma, you were afraid of going to sleep,
you always woke me up. You'll never leave your hunger,
you don't tiptoe over the rug in the dark,
nor were you ever hardly, harshly.
Grandma. Deck of oblivions, ruin of telomeres,
you always cheated at board games
and wanted to live more than anything
in spite of your body.
This morning
I decided to put on your lace bra.
Do you remember it?
Your desire to live
against my body,
your desire
to cling to the world,
to stay.
Because that's what I want:
to inherit your wanting,
to wake up hungry.
Because black isn't only the color of mourning.
And you knew it.

Teoría del gran impacto

Mi cuerpo es un extremo del tuyo.

El instante rojo de mi nacimiento, el puñal

de la sangre, el gozo o el grito, el cuerpo
que se vacía, la placenta que conjuga

el rojo con la sombra. Es preciso reconocerlo:
dos cuerpos que fueron de uno solo

no pueden tener un origen pacífico.
No pueden permanecer intactos.

Por ejemplo, la luna, que miramos
sin miramientos, desvestida:

te pregunté hace años cómo se había formado
y me dijiste que la tierra la atrapó en su gravedad

y le dio un trayecto y un destino.
No es cierto. Mírala,

anónima y endeble, dada a romperse,
empotrada en la noche, vela

desde tu casa de ladrillos y yo
desde mi azotea, más lejana que nunca.

Somos demasiado parecidas.
Lo cual se explica a partir de un tercero

en discordia: un planeta errante, desvirtuado
de órbitas, chocó con el nuestro y se hizo añicos

Giant-Impact Hypothesis

My body is one end of yours.
The red instant of my birth, the dagger

of blood, its pleasure or piercing, the body
emptying out, placenta conjugating

red with shadow. It must be acknowledged:
two bodies that once were one

can't have a peaceful origin.
Can't stay intact.

The moon, for instance, at which
we gape so tactlessly, undressed:

I asked you years ago how it was made
and you said the earth entrapped it in its gravity

and gave it a course, a destination.
Not true. Just look at it,

anonymous, unstable, given to shattering,
embedded in the night, look

from your brick house, me
on my roof, farther than ever.

We're too much alike.
Which any third wheel

can explain: a wandering planet, cast
out of orbit, collided with our own and smashed

en una colisión brutal que ya ha olvidado
el universo. De lo que perdió la tierra

despedazada, carente de redondez,
se formó la luna, hecha de pedacería,

desbastada por giros y acrobacias.
Y las dos se sostienen, sin coincidir nunca,

apenas consonantes, apresadas
a una distancia por el abrazo

ambiguo de las órbitas, por una gravedad
mediana, diametral. Así nosotras

en las noches, nos hablamos
nuestras voces se tocan y se envuelven

en el cobre. Una será siempre
el centro de la otra, las dos

perfectas en su circunferencia
pero ausentes de sí mismas.

En nuestra piel se reparten tus células
y lo que me has heredado,

aunque sea luminoso, me consume.

into pieces, a brutal wreck the universe
has since forgotten. The losses of the ravaged

earth, lacking in roundness,
made the moon, cobbled out of scrap,

roughed down by spins and acrobatics.
And they held each other up, not ever overlapping,

barely consonant, captive
at a distance by the ambiguous

embrace of orbits, by a middling,
diametrical gravity. Like us

talking at night: our voices
touch and coat themselves

in copper. One will always be
the center of the other, both

perfect in circumference
but absent of themselves.

Your cells are doled out in our skin,
and my inheritance from you,

however luminous, consumes me.

Cómo cicatrizar al aire libre

Ayer tu padre me enseñó a abrir un hueco en la palma de mi mano. Caminamos juntas hasta la boca del túnel y escuchamos el agua correr en la oscuridad. Junto al sonido del río, alguien había perdido un zapato. Sólo uno. Me dijeron entonces que, para creer en el corazón, hay que detenerlo primero. Hay que dividir en fragmentos el primer recuerdo de una tarde lluviosa, el nombre de mi abuelo en los espejos. Pero me distrajo un sonido que flotaba en lo alto, alguien que invisible se sabía tan sólo las primeras seis notas de una vieja canción. Mi madre era la misma melodía en otra octava. La enfermera tomó mi muñeca entre los dedos y recitó un endecasílabo al ritmo de mi pulso. He perdido la cuenta de las cosas que pasaron. La relación causa-efecto. El color de los moretones que yo misma me dejaba en los brazos con la boca. Me dieron un hilo y una aguja para coser la herida bajo la luz inmensa y blanca de los espectaculares. Me escucho desistir. Toqué tu puerta pero me dijeron que se había ido la luz en toda la colonia. Poco a poco, la comida se echó a perder en los refrigeradores tibios. Caminé de espaldas, en dirección inversa al equinoccio. Llegué al continente rojo, donde abril tiene otro nombre y hay que escarbar en la tierra para que salga el sol y sea de día. Ahí seguían vivas las pocas abejas que quedan en el mundo y el sinónimo de las primeras palabras. Llevo mi sangre fría en la maleta. Pienso en las facciones de quienes murieron por la noche y yo no conocí. Construyo una carcaza de la felicidad y guardo bajo llave el recuerdo de mi madre regando sus macetas al atardecer. Me detengo en la sed, en los primeros recuerdos de los otros. Mi cicatriz tiene la forma de una despedida. Olvidar es demasiado predecible, me digo. Hay cosas que faltan para siempre, además de la leche y los rastrillos. Lo que pasó en la infancia fue tan antiguo que ella es nadie.

How to Heal a Scar in the Open Air

Yesterday your father taught me how to open a hollow in the palm of my hand. We walked together to the mouth of the tunnel and listened to the water running in the dark. Someone had lost a shoe alongside the sound of the river. Just one. Then they told me that you have to stop a heart if you want to keep believing in it. You have to crumble your very first memory of a rainy afternoon, my grandfather's name in the mirrors. But I was distracted by a sound floating up above, someone invisible who knew only the first six notes of an old song. My mother was the same melody in another octave. The nurse took my wrist in her fingers and recited in iambic pentameter to the beat of my pulse. I've lost count of all the things that happened. Cause and effect. The color of the bruises I made on my arms with my mouth. They gave me a needle and thread to stitch up the wound under the vast white light of the billboards. I hear myself desisting. I knocked on your door, but you said the power was out in the whole neighborhood. Little by little, the food spoiled in the warm refrigerators. I walked backwards, away from the equinox. I reached the red continent, where April has a different name and you have to dig in the dirt for the sun to rise and day to come. There, the world's few remaining bees were still alive, the synonyms of the first words. I packed my own cold blood in my suitcase. I think of the features of the people who died overnight and I never met. I build a chassis of joy and keep under lock and key the memory of my mother watering her flowerpots at dusk. I pause in the thirst, in my earliest memories of others. My scar is shaped like departure. Forgetting is far too predictable, I tell myself. Some things stay missing forever, besides milk and razors. What happened in childhood is so old that she's no one.

Poema en presente indicativo

Aquí estamos. Aún es todavía. La tarde,
entreabierta, deja pasar sus minutos
como corrientes de aire. Aquí es un lugar,
antes que eso, un tiempo, hora exacta
y ya alejada de nosotros.

Miramos por la ventana de tu departamento.
Tenemos las horas contadas y apenas
nos tocamos. No sabemos ni cómo
empezar a desvestirnos. Desde siempre es tarde
y ha llovido. Aquí está esa luz después de la tormenta,
húmeda, espabilada luz llena de vértices.
Hace brillar el negro de los cables, atraviesa las hojas.
Cree en la vieja colonia, en sus casonas a medias
y edificios baratos. Más que yo. Apenas la conozco.

Al otro lado de la calle
una vecindad a medio demoler
abre sus fauces chimuelas de concreto y varilla.
Cada cuarto, de diferente color y mutilado,
deja de ser sí mismo por faltarle paredes, límites
que refuercen su nombre, techo que lo confirme.

Nosotros no nos vemos, pero miramos juntos
hacia el mismo sitio.

Es sólo esa vieja vecindad
detenida a medio destruir
y sin embargo plena, en floración
de bloques y baldosas, de ladrillos abiertos
y su centro naranja.

Poem in Present Indicative

Here we are. It's still still. Ajar,
the evening lets its minutes pass
like air currents. Here is a place,
and before that, a time, the very hour
now removed from us.

We stare out the window in your apartment.
Our hours are numbered and we hardly
touch. We don't know if or how
to start undressing. It's always been too late
and raining. Here's that light after the storm,
damp, livened light laced with edges.
It makes black cables gleam, pierces the leaves.
It grows in the old neighborhood, in its half-decrepit mansions
and flimsy buildings. More than me. I barely know it.

Across the street,
a partially demolished vecindad
opens its gap-toothed jaws of metal bars and concrete.
Each room a different color, mutilated,
ceases to be itself for lack of walls, boundaries
to reinforce its name, roofs to confirm it.

We don't look at each other, but gaze out together
at the same place.

It's only that old tenement
paused mid-destruction
and yet complete, blooming
with blocks and paving stones, with open bricks
and their orange centers.

Tal vez las cosas llegan a sí mismas
sólo cuando están rotas, no existen de veras,
más que a la mitad de su propia destrucción.

Hay algo casi indecente en ella,
su cada cuarto expuesto, sus colores abiertos,
descascarándose, sus baños de baldosas,
alacenas, la pintura añejada
por el brillo del sol, por las últimas lluvias,
su entonces amplio, una estancia de piedra.

Vemos juntos la intimidad de los otros, explícita
pero inimaginable. De las vidas ajenas sólo queda
un lugar derruido. Aún así es más de lo que ellos,
donde quiera que estén, llevan consigo:
una vajilla incompleta, dos o tres dientes de leche,
ropa vieja. La vida: esta baraja de instantáneas.

De ese entonces, no queda casi nada.
Entonces es ya casi, sólo, nunca.
Y esto (porque aquí, y por si no era obvio,
nos besamos), esto, también, tan poco.

Tan una sola tarde de paredes resanadas,
ventanas anfibias que miran a las nubes
y trasplantan un cielo que pertenece a otro sitio
no a esta ciudad de grietas que tanto conocemos.
Tan una sola tarde, colección de cuchillos
que preservan sus filos guardados en sus fundas,
una tarde que carga con todas las otras
en donde no estuvimos juntos
y las que habrán, aún deshabitadas,
de alojarnos. Tardes como multitud de cuartos,
como escaleras que subiremos solos,
tardes conjugadas en futuro,

Maybe things can only come into themselves
once they're broken, don't actually exist
except en route to their own destruction.

There's something almost vulgar in it,
its every room exposed, its gaping colors
flaking off, its tiled bathrooms,
pantries, its paint aged
by sunlight, by the recent rains,
its cavernous once, a stone-lined chamber.

Together, we take in the intimacy of others, explicit
yet unimaginable. A ruined place is all
that's left of unknown lives. Even so, it's more than what
they've brought with them, wherever that may be:
a half-empty suitcase, a few milk teeth,
old clothes. Life: this deck of Polaroids.

There's almost nothing left of this specific then.
So now it's almost, only, never.
And this (because here, in case it wasn't obvious,
we kissed), this too, so little.

A single afternoon of sanded walls,
amphibious windows that stare out at the clouds,
transplant a sky meant for another place,
not this city of cracks we know so well.
A single afternoon, a knife collection
with blades still sheathed,
one afternoon that carries all the rest
before we were together
and the ones to come, still vacant,
where we'll have to live. Evenings like a crowd of rooms,
like stairs we'll climb alone,
afternoons conjugated in the future tense,

donde nos olvidaremos parte a parte.

Pero, por ahora, aquí estamos, aquí
me tienes. Aquí me pierdes,
cada letra de mi nombre,
fricativa, se ha encendido y será
consonante con la sombra.

Esto es aquí, el tiempo en su lugar,
descascarándose.

El presente: tenemos que creer que existe
en algún sitio aunque no lo sintamos,
en la palabra aquí que ya es entonces.

Y sin embargo, el pacto continúa:
aquí estamos.

Aquí: lugar del que me he ido,
la cama destendida del nosotros.

Es la pobreza extrema del presente. Su apenas, sus ventanas
que miran siempre a otro sitio, sus conjugaciones parpadeantes,
endebles, declinadas.

Es esto: el presente: tan sólo
lo que miramos a través del vidrio:
un lugar a cierta distancia y siempre ajeno:
vecindad: colindancia con algo
que no somos nosotros ni hemos sido.

Tal vez amar es querer darle al otro algo
que no podemos dar: esto:
este presente exiguo: la palabra aquí,
que ya está en otro sitio y significa nunca.

where we'll forget each other through and through.

But for now, here we are, here
you've got me, here you're losing me,
every letter of my name,
fricative, kindled, becoming
consonant with shadow.

This is here, time in its place,
peeling away.

The present: we have to believe that it exists
somewhere, even if we don't can't feel it,
in the word here that's already then.

And still, the pact goes on:
here we are.

Here: the place I've left,
the unmade bed of us.

The destitution of the present. Its barely, its windows
always looking somewhere else, its flickering conjugations,
flimsy, declined.

It's this: the present: only
what we make out through the pane:
a place set at a certain distance, always someone else's:
vecindad, hall of neighbors: adjacency to something
we aren't, haven't been.

Maybe love means trying to give someone
something we cannot give: this:
this exiguous present: the word here,
which is already elsewhere and means never.

Manual para sostener niños pequeños

para Aurelia

A mi amiga le da miedo cargarlos
y la entiendo: ese peso incierto entre las manos,
todo calvicie, boca y uñas diminutas.
Aparte están las tías que siempre dicen:
pero que no se le vaya la cabeza.
Luego, hay que pensar en tantas cosas,
dar soporte a la espalda, prevenir que lloren
y no olvidar la leche que hierve en la cocina.

No sé si estamos hechas para tanto ajetreo,
no nos damos abasto con nuestra poca vida
y casi siempre es suficiente el ruido
de la página en blanco, el guion
que en la pantalla pestañea su paciencia.
Nos basta el sonido que hacen las palabras
unas contra otras como cuentas de vidrio.
No reconocemos el llanto de los niños.
No podemos leer su partitura de corcheas.

Para ayudar a mi amiga a superar su fobia
le digo que piense, al acoplar su cuerpo,
en el doblez del brazo, firme y relajado,
de quien escribe inclinado a la mesa.

Aún así, tiene miedo mi amiga
de esos escuincles que se retuercen
y empeñan en caerse, que son todo
jabón que se escapa entre manos,
nombres resbalosos, cosas
que se rompen de un grito
contra el suelo.

Field Guide to Holding Babies

for Aurelia

My friend is afraid to hold them in her arms,
and I get it: their uncertain weight,
all baldness, mouth, and miniature nails.
And then the aunts who always say,
Support its neck!
You have to think about too many things at once:
supporting its back, warding off tears,
without forgetting the milk as it boils away in another room.

I'm not sure we were made for such fuss.
We can barely make do with our own little lives
and the white rustle of the empty page
is almost always enough, the pointer
blinking restlessly onscreen.
We settle for the sound the words make,
clacking against each other like crystal beads.
We can't recognize a baby's cry.
We can't decipher its all quaver scores.

To help my friend overcome her dread,
I suggest she think, when adjusting her body,
about the crook of the arm, both firm and relaxed,
of someone bending down to write at a table.

Even so, my friend's still afraid
of all the tiny brats who writhe around
and insist on falling, all soap
that slides through grasping hands,
slippery names, things
that shatter into wails
against the floor.

Es conveniente
afianzarlos al pecho
para que nuestro latido parco los arrulle
y, si estamos de pie, hay que mecerlos
como quien, indeciso,
no sabe hacia dónde dar el primer paso.

Y las flores en carne viva de sus bocas
abiertas, imperiosas, es mejor no verlas.

Son movimiento hirsuto, retruécanos.
En sus encías de tiburón germinan
dos mudas de dientes, sus huesos
son maleables como plata fundida.
No hacen más que morirse
a cuentagotas, devorar los minutos
con su llanto asombrado.
Son todo comisuras, cromosomas,
y ya los lleva lejos el latido
limpio y ágil de su corazón,
diminuto reloj empedernido.

Pero habrá sin embargo
que cargarlos, sostener
esos sus cuerpos tibios
de pan recién horneado.
Y renegar de su ciega autonomía,
sus ganas de escaparnos desde ahora.

Son tan ligeros y sin embargo pesan.
Quizá es eso de cargar la vida ajena,
tener en brazos su cuerpo de ventaja,
sin otro remedio que desistir un poco
de uno mismo, ser de la estatua

It helps
to hold them tight against our chests
so that our frugal heartbeat soothes them,
and if we're standing, we should sway
as if unsure
where the first step should go.

As for the raw, loud flowers of their open
and imperious mouths, it's better not to see them.

They're bristled movement, rocamboles.
Two rows of teeth sprout
in their sharky gums, their bones
are malleable as molten silver.
All they do is die
little by little, gulping down minutes
with their astonished tears.
They're all commissures and chromosomes,
and already the clean, brisk beat
in their heart's inveterate watch
tears them away from us.

But nonetheless they must
be held, one must embrace
their lukewarm bodies
of fresh bread.
And forswear their blind autonomy,
their urge to flee us even now.

Light as they are, they're heavy.
Maybe it's the task of carrying another life,
shouldering another body's advantage,
with no choice but to abstain a little
from ourselves, to be nothing but the base or column

la base, la columna,
ser de otra vida un personaje secundario,
una vigilia remota y no tener palabras
para nadie ni conocer
la forma del consuelo.

of the statue, to play at most a supporting role
in a different life, a distant vigil, and have words
for no one, and ignore
the shape of comfort.

La medida de lo posible

Cada mañana es la misma: trastes sucios y pájaros
que se rompen de tanto canto y canto. La misma
hora hueca y sin esquinas. Las cosas siguen iguales,

yo soy otra, totalmente distinta. Olvido
cómo verme al espejo, pero sé de memoria
cómo cambian las sombras sobre los adoquines.

Me lavo las manos veinte veces al día, con reducción
de cloro sanitizo las cosas que toco con frecuencia.
Años en cuarentena, salvándome la vida sin vivir

o casi. Cerraron las fronteras, cerraron las casas,
nos encerramos a piedra y lodo y alcohol,
algunas veces whisky, y nuestros días apestan

a detergente. Cuando nos preguntan cómo estamos
respondemos que bien, en la medida
de lo posible. Ahora existimos en esa salvedad,

a esa altura. ¿Cuánto mide lo posible? ¿Dónde
queda? Por la tarde: estadísticas y horas ruido,
minutos sin manecillas y hambre en soledad.

Hace unos días entrelacé mi mano izquierda
con la derecha por miedo a olvidar cómo se siente
tocar y ser tocada. A veces no tengo sombra.

El sol de la mañana me lastima. Tengo sus cortes.
Los días pasan como cachorros ciegos. Alguien
me llama y vuelvo, no hay nadie.

As Well as Possible

It's the same thing every morning: dirty dishes and birds
breaking and breaking into song. The same
hollow hour with no corners. Things are unchanged,

but not me, I'm completely different. I forget
how to look at myself in the mirror, although I've memorized
how the shadows change on the cobblestones.

I wash my hands twenty times a day, use
diluted bleach to sanitize the things I touch most often.
Years in quarantine, saving my life without living,

almost. They closed the borders, shuttered the houses,
we shut ourselves behind stone and mud and alcohol,
sometimes whiskey, and our days reek

of detergent. When asked how we are
we say good, about as well
as possible. Now we exist in that condition,

at that height. What's the measure of the possible? Where
does it stop? In the evenings: statistics and white-noise hours,
unhanded minutes, solitary hunger.

Some days back, I laced my left hand
with my right for fear that I'd forget the feel
of touching and being touched. Sometimes I have no shadow.

I'm wounded by the morning sun. I bear its gashes.
Days pass like blind puppies. Someone
calls me and I turn around, find no one.

La noche es una tumba mal sellada. Mientras tanto
en la pared el perfil de mis ancestros ríe
y cada uno corresponde al amor del otro con olvido.

Me equivoco en el recuerdo de lo más importante
y al final confirmo que nadie en ningún sitio, nadie
nunca. Soy un animal que se pudre y sigue.

Cumplí años y pliegues, cumplí noches y noches
de índice categórico. Vivo en la medida de lo posible.

The night is an unsealed tomb. Meanwhile,
on the wall, my ancestors laugh in profile,
each answering the other's love with oblivion.

I stumble when I remember what matters most
and ultimately confirm that no one anywhere, no one
ever. I'm an animal that rots and carries on.

I had a birthday, found some creases, marked nights and nights
of categorical indicators. I live as well as possible.

Gravedad estándar

A veces soy un objeto sin la simetría
de su propósito. Esa noche
rompí mi primer vaso en nuestra primera casa.
La última. No recuerdo lo que pasó después.
Quizá me ayudaste a levantar lo que quedaba.
Envolviste en periódico cada pieza de vidrio
para protegernos de su filo. Me enseñaste
a cubrir bien los bordes, a tratar
lo roto como una pieza valiosa. Después
llegó el día y dividió nuestras sombras.
Aprendimos a alejarnos y alejarnos
es, siempre, caer. Supe esto
por los vasos y platos que se rompen,
que se deslizan de nuestras manos
y se estrellan: casi todo
tiene vocación de haber sido.
Cada objeto es su propio peso
multiplicado por 9.81.
Cada objeto es su caída.
Ahora me baño sola en otra casa.
El peso de tus libros aún
vence mis libreros. A veces
apunto lo que sobrevive.
Cumplo mi sed, mis años,
me desdigo. Quisiera volver.
No volveré nunca. Esa noche
rompí nuestro primer vaso,
nuestra primera casa.
Cuando era niña y me portaba mal,
la maestra preguntaba qué había aprendido.
En realidad, no sé si algo se aprende,
si la pérdida puede enseñar algo.

Standard Gravity

Sometimes I'm an object lacking in the symmetry
of its purpose. That night
I broke my first glass in our first house.
The last. I don't remember what happened next.
Maybe you helped me clean up the pieces.
You wrapped each shard in newspaper
to protect us. You taught me
how to shield the edges, to treat
a broken thing like treasure. Then
day came and split our shadows.
We learned to drift apart and drifting
means, always, falling. I learned this
from the plates and glasses that break,
that slip out of our hands
and shatter: almost everything
has a knack for having been.
Each object is its weight
multiplied by 9.81.
Each object is its fall.
Now I shower alone in another apartment.
The weight of your books still
defeats my shelves. Sometimes
I jot down what survives.
I fulfill my thirst, grow older,
take back what I've said. I want to go back.
I never will. That night
I broke our first glass,
our first house.
When I was little and misbehaved,
the teacher would ask me what I'd learned.
In truth, I don't know if there's much to learn,
if loss can ever teach us anything.

Recuerdo el vaso y sus fragmentos,
el tono exacto de azul en las paredes,
en tu voz. La temperatura de tu cuerpo
en la oscuridad. Te conocía
a ojos cerrados. Te perdía.
Tal vez aprendí algo: en la caída culmina
la existencia de las cosas. Hay cosas
que sólo llegan a sí mismas
después de desplomarse.
No estoy segura. Sólo sé
que pasaron muchos años.
Sólo no sé lo que pasó después.

I remember the glass and its shards,
the specific shade of blue on the walls,
in your voice. Your temperature
in the dark. I got to know you
with my eyes closed. I got to lose you.
Maybe I did learn something: the fall
is the culmination of an object's life. Some things
will only come into themselves
once they've collapsed.
I can't be sure. I only know
that many years went by.
I only don't know
what happened after that.

Mi abuela se aparece de nuevo en sueños

Toda vestida de abejas, toda amplia y desdoblada, ensordecida por la lluvia, arrepentida del color azul, toda harponeada y reverenda, dura-madre secreta, oliendo a pan, repuesta, reescrita, aficionada al comino, acicalante, arropada en recuerdos ajenos, toda callejuelas y corredores sin nombre, tiritando bisiesta, sin cronómetro, afilando su odio en los solsticios, cartesiana, toda hambre al amanecer, ruina habitable, epi-dural y negra de esperanza, acumulando dudas de la existencia de Dios, estribaciones fósiles, simple, sin simulacro, se acerca,

me murmura al oído.

My Grandmother Reappears in My Dreams

All dressed in bees, all broad and unfolded, deafened by rain,
remorseful for the color blue, all harpooned and lionized, secret
dura mater, smelling of bread, replaced, rewritten, lover of
cumin, sprucing, draped in memories that aren't hers, all
alleyways and nameless corridors, trembling, leap-yeared,
un-timered, honing her hatred under every solstice, Cartesian,
all daybreak hunger, inhabitable ruin, epidural, hope-
blackened, amassing doubts as to God's existence, fossilized
foothills, candid, unsimulated, approaching,

she murmurs in my ear.

INDEX

AN IMPERFECT GEOMETRY | ELISA DÍAZ CASTELO

Made in Miami Beach ~ Printing as needed

◊◊◊

2023

www.ingramcontent.com/pod-product-compliance
Lightning Source LLC
Chambersburg PA
CBHW020158090426
42734CB00008B/862